AIを
超える!

子どもの才能は

脳育体操

で目覚めさせる!

南 友介

ドイツ・ライプツィヒ大学博士
泉原嘉郎[監修]

青春出版社

はじめに

「脳育体操」って何？

そう思って本書を手に取った方も多いと思います。

私は元体操選手だった経験を活かし、ネイス体操教室という子ども向けの体操教室を運営しています。

といっても、運動能力を高めるために、跳び箱や鉄棒、マット運動などの体操競技を教えているわけではありません。

理念である「子どもたちの〝すこやかなカラダ〟と〝あきらめないココロ〟を育てる」を現実のものにするためにも、知育体育に重点を置いています。

ですから、

「運動も走ることも苦手だったのに、通い始めてから運動会の徒競走で1位になった」

「小学生ゴルフ日本一になった」

「体育でお手本に選ばれるようになった」

というように、運動能力が上がるお子さんだけでなく、

「引っ込み思案だったのが、自分から挑戦するようになった」

「難関高校に合格した」

「劇団のオーディションに合格した」

などなど、運動能力とは別の能力を発揮しているお子さんも多数います。


じつは体操を行うことは、能力の土台である〝脳〟をベースアップさせることに通じます。少しでも多くのご家庭に体操教室のメソッドを利用していただきたいのですが、すべての方が教室に来られるわけではありません。

それなら、このメソッドを家庭でもできるようにすればいいと考案したのが、親子で楽しく、そして安全にできる「脳育体操」なのです。

しかも、ただ単に体操教室のメソッドを家庭用に置き換えただけではありません。

はじめに

福岡大学でスポーツ科学を研究している泉原嘉郎先生の監修の元、子どもの能力を引き上げる、コーディネーショントレーニングの原理が盛り込まれています。

コーディネーショントレーニングとは、「脳神経のルートを最適に鍛える運動」のことで、具体的には動作と判断が必要な動きを行います。これによって素早い反応や的確な判断ができるようになるといわれています。

発達段階で、さまざまな動きを組み合わせて瞬時に行う練習は、脳が捉えた情報を処理し、命令を発するという流れの中で、神経細胞が活性化し脳の成長を促すことにつながります。

ですから「脳育体操」でも、タオルを左右にリズムよく跳ぶ動きが計算力を上げることにつながったり、大人の腕にぶら下がることで記憶力が鍛えられたりと、「身体の使い方」を変えることで、子どもの能力をどう伸ばしていけるのかを追求しました。

「机に向かう勉強」だけでは脳は育たない！

子どもは、あらゆる分野が急速に発達します。

まさに「子ども」と言える年齢の3歳から12歳頃はゴールデンエイジ（成長の黄金期）といわれており、運動神経が急成長する重要な時期です。その中でも5歳から9歳頃までの成長はすさまじく、このタイミングで子どもたちにさまざまな動きを体験させることが重要とされています。

賢い子に育ってほしいからと、小さいうちから机に向かうだけで〝動かない子ども〟の脳は育ちません。

ひとりでも多くの方に「脳育体操」をお伝えし、子どもたちの成長に役立てていただきたいと思っています。

特に脳の発達は、鍛えれば鍛えるほど神経回路がしっかりと育っていきます。成長段階に合わせて適切な動きを体験させ、お子さんの才能をご家庭でどんどん開花させてほしいと思います。

この方法でAI時代に必要な「非認知能力」まで身につく

当たり前すぎることかもしれませんが、子どもにはたくさんの可能性があります。

体操教室に通っている子どもたちを見ていると、「できることならば、子どもの才能の芽を伸ばしていってあげたい」、心からそう思うのです。

というのも、現代はいい学校を出て、大企業に入れば安泰などという時代ではありません。むしろ、仕事は機械に取って代わられるような時代です。

それも単純な機械化というのではなく、学習し、進化していくAIに――。

AIに負けず、AIを超えていくためには、記憶力や計算力、判断力といった「認知能力」に加えて、意欲や協調性、粘り強さなどの「非認知能力」と呼ばれる力も求められるようになってきています。

「脳育体操」は認知能力も、非認知能力も伸ばしていけるように作られています。

本書を通じて、時代の変化に負けず、生き生きと自分の好きな道を選び取れる子どもたちが増えていってくれることを願っています。

南　友介

監修者のことば

「子どもたちの思考や判断力を伸ばしたり、姿勢のよい子を増やすのに何かいい方法はないですか？」

幼稚園や小学校の先生方から、時折こうした質問を受けることがあります。

そんな時に、「脳育体操ですよ」と胸をはってお答えできる一冊が、日本オリンピックイヤーである2020年早々、元体操選手の南友介氏の手によって上辞されることをとても嬉しく思います。

近年、サッカー強豪国のドイツやオランダでは、育成年代であるU-6からU-12世代カテゴリーの練習に、体操のトレーニングを導入するプロサッカークラブが増えています。

日本のスポーツ版お家芸といっても過言ではない〝体操〟によって、ヨーロッパの選手たちがぐんぐん運動神経を高めていく。そんな「洋魂和才」の様を目の当《ま》たりにするにつけ、なんだか歯がゆい気もしますが、この風潮は、いずれ日本へもやってくるものと予想します。

そうした意味では、本書で書かれている内容や南氏の活動（ネイス体操教室）は、今後の日本でますます大きな意味を持つことになると思われます。

さて、脳育体操で取り入れられているコーディネーショントレーニング（脳神経のルートを最適に鍛える運動）は、かつての東ドイツでオリンピックに出場する選手のために開発されたメソッドです。

大学と教育委員会による学官・研究連携の機会を通じ、私自身、これまでに何度も、福岡県内の小学校でコーディネーショントレーニングの実践を重ねてきました。そのたびにいつも、「ワクワクして楽しい！」「次回の授業が楽しみです」などのポジティブな意見や、「うまくできなくて悔しかった」「次は必ず成功させたい」といった挑戦心あふれる感想が多数得られています。

効果に関しても、認知・非認知能力を含む運動能力全般が、着実に向上するデータが年々蓄積され続けています。

「AIの台頭」「スマホ全盛」「情報過多」。物事の価値が目まぐるしく変化をとげる激動の時代にあって、昨今の教育現場では、取捨選択力や対応力をはじめとする〝非認知能力〟を高めることの必要性が叫ばれています。一方、策を講じる手立てをよそに、子どもたちを取り巻くメディア接触時間は増加し、慢性的な運動不足などの問題は、ますます深刻な状況を迎えています。

テレビゲームに代表される情報空間のなかでトライ&エラーを繰り返すのではなく、自らの身体をもってして、チャレンジと失敗を繰り返しながら、目の前の課題に無我夢中で没入し、達成感を味わい尽くす。真にリアルな成功体験を実感・集積できる南流「脳育体操」を、時代や社会の変容に依ることなく、実践し続けていきたいものです。

育児に悩んだり習い事に迷って立ち止まった時、ぜひ手にしたい一冊です。

泉原　嘉郎

子どもたちの**成長**に **驚きの声**、続々！

「いつも泣いてばかりいた子が、「泣かずにがんばる！」と言い、体操教室にも保育園にも泣かずに通えるようになりました。あんなに粘り強くなるなんて子どもの成長にびっくりです」

（Aちゃん・3歳）

「集中力がついたようで、書道で県知事賞を受賞しました」

（Hちゃん・7歳）

「英検合格に向けて、自分からがんばると取り組むようになりました」

（Hくん・8歳）

「運動が苦手で、走るのも苦手な子でした。体操をはじめてから少しずつ足が速くなり、今年の運動会ではついに徒競走で1位になりました！」

（Tちゃん・6歳）

「おとなしくて、自分から意思表示をするのが苦手な子でしたが、『もっと上達したい』『もっとできるようになりたい』と意欲を出してくれるようになりました」

（Tくん・7歳）

「体操をはじめてから、“失敗”よりも“できるようになる”ことが嬉しいみたい。失敗しても諦めずに打ち込む姿に子どもの成長を感じました」

（Rちゃん・7歳）

「口ぐせは“できない”。でも練習をする中で、少しずつできることが増え、自信をつけたのか、気づけば、何でも積極的にやってみようという姿勢にかわっていました」

（Kくん・5歳）

「はじめて1年で小学生ゴルフ日本一に。ぶれないメンタルと強い集中力は体操のおかげです」

（Mちゃん・8歳）

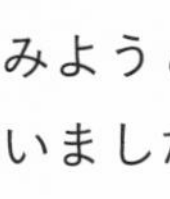

CONTENTS

AIを超える！ 子どもの才能は「脳育体操」で目覚めさせる！

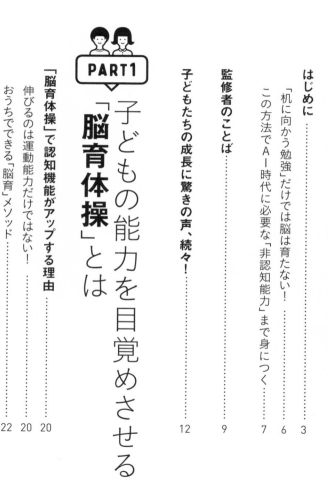

脳育体操のやり方

PART2

この体操でなぜ「脳」が育つのか？

PART3 子どものやる気と自信を引き出す3つの心得

本文イラスト／オオイシチエ　編集協力／はなぱんち
企画協力／松尾昭仁（ネクストサービス株式会社）
本文デザイン・DTP／黒田志麻

PART1

子どもの能力を目覚めさせる「脳育体操」とは

「脳育体操」で認知機能がアップする理由

伸びるのは運動能力だけではない！

体操はたんに子どもたちの体力や運動能力を伸ばすだけではない。

そう思ったのは、体操教室で指導している先生や親御さんに聞いた、子どもたちの変化です。

「少し障害があり、物事を1つしか覚えられず、のんびりとした子だったのが、先生が言ったことをしっかり覚えて、周りにわからない子がいたら教えてあげるようになりました！」

「ふざけて、話が聞けなかったタイプでしたが、集中力がつきました」

「鉄棒が怖い、できないと嫌がっていた子でしたが、段階を踏んで少しずつできることを増やしていくことで、鉄棒が好きになり練習にも積極的に取り組むようになりました」

など、運動能力以外の変化をよく耳にしたからです。

実際に、「バランストレーニングによって読解力が高められる」というドイツの研究結果や、「空間認知力を鍛えると、計算力（算数）が向上する」というアメリカの研究事例が報告されています。

また、泉原嘉郎先生の研究では「コーディネーション運動によって、子どもたちのストレスが軽減され、メンタルスキルを高める」という結果がでています。

詳しくはＰＡＲＴ２以降で解説していきますが、体操のように全身を複雑に使う動きは脳の発育を促すのです。

そこで、「脳育体操」では、

①認知能力（記憶力・集中力・判断力・論理力・計算力など）
②非認知能力（忍耐力、やり抜く力、協調性、創意工夫、対応力など）

という、これからの時代を生き抜いていくために必要な力が伸ばせるような動きを取り入れました。

おうちでできる「脳育」メソッド

素晴らしいスポーツはたくさんありますが、たとえばサッカーやラグビーには広いグラウンドやボールが必要ですし、野球になると、それに加えてバットやグラブといった用具も欠かせません。

一方、脳育体操は6畳ほどの広さがあれば十分ですので、家の中でもすることができます。しかも用具も要らないので、それだけでも気軽にはじめやすいものですが、もうひとつ、室内でできるので「天候に左右されず安全」というメリットもあります。

そして、コツやポイントがわかりやすく専門性が低いので、プロの指導者でなくても子どもに教えることができるのです。

家の中で、パパコーチやママコーチと楽しく身体を動かす経験を気軽に積み重ねていけます。

リビング学習ならぬ〝リビング体操〟のすすめ

子どもが家で、何かに取り組むのはいいことです。

よく、

「リビングで学習をしている子は成績がいい」

「最難関中学に合格する子の勉強場所は、リビングのテーブル」

といった話を聞きます。

それはなぜなのでしょうか。

おそらくリビング学習が有効なのは、「リビング」という子どもが自然体でいられる空間で、自然と学びへつながる条件がそろっているから。勉強しなさいと親がうるさく言わなくても気づいたら自ら学ぶことができる、それがリビング学習のいいところだと思います。

同じように家で体操をする利点もあります。

最初は親子でやってみると、まるで家でただ遊んでいるような自然体の感覚で体操を楽しめるようになります。

そしてそのうち体操をすることが家での日常になれば、気がつくと子どもが自分からやるようになっているでしょう。

家ではゲームばかりやっていた子が、家で身体を動かす楽しみを覚えたら自然と体操をするようになり、さらには自分から工夫をするようになるなど、自発的なアクションを起こすようになると思います。

それが脳を育てるとしたら……。

プラスな面しかないのではないでしょうか?

健全な脳の発達は子どもの能力を引き出してくれますし、ひとりで体操をしていてくれるのなら、結果的に親は子育ての手も休められます。

たまには親御さんたちも、ラクをしたっていいと思います。


本書で紹介する脳育体操は、「脳を鍛えるぞ！」「よし、体操に取り組もう！」などと、構えてはじめるものではありません。

もっと気楽に、子どもと遊ぶ感覚で取り組むのが一番です。

なんといっても大切なのは、子どもの〝楽しい〟を刺激すること！

それこそが、子どもが脳育体操にハマって自ら身体を動かすようになる一番の近道なのです。

親子で触れ合う時間が子どもの脳を育てる！

家での脳育体操をお勧めしたい理由は他にもあり、もしかしたらそれがもっとも大きな魅力なのかもしれません。

それは、親が子どもの体操を見守ること。


体操教室では子どもの体操を見ているだけです。

しかし、おうちで行う場合、親が子どもの体操を見守ります。

時には親が腕に子どもをぶら下がらせるなど、身体を使うことで、体操器具の代わりをするようなこともあります。

このように親子がふれ合う体操メニューは、実は意図的につくってあるのです。

それはやはり、親子のふれ合いをつくりたかったから。


子どもは親とふれ合うことで、心がとても安らぎます。

常に抱っこが必要だった赤ちゃんの時期を過ぎると、まだまだ親の手が必要な幼児期であっても、だんだんとハグの回数なども減っていきます。

ましてや、学齢期になってくると、親子のスキンシップはもっと少なくなっていくでしょう。

私は脳育体操を機に、親子が〝お互いの温もりを確かめ合う時間〟を取り戻してほしいと思っています。

親とのふれ合いは、子どもにとって親の愛情をダイレクトに感じられる大切なものです。

そして、親の愛情ほど子どもの脳を育てるものはないのですから。

脳育体操のやり方

本書で紹介する脳育体操は、すべて家庭内で行えるものです。6畳ほどのスペースがあれば十分です。体操によっては、家具やおもちゃなどがケガの原因になることもあります。できるだけ片づけたり、部屋の隅に寄せ、十分に注意してはじめましょう。

ゴールデンエイジと呼ばれる、3歳から9歳くらいのお子さんを想定しています。レベルを☆マークで表していますので、まずは☆からはじめ、達成できたら☆が多いレベルのものに挑戦していきましょう。

一度の体操でも脳への刺激になりますが、繰り返し行うことで神経回路は強固になります。楽しみながら、どんどん行ってください。やり方やレベルはありますが、お子さんがオリジナルのルールを生みだしたり、より難しいことをしていたら、一緒にチャレンジしてみてください。お子さんの成長のサインです。

脳育体操の目的と基本のやり方を紹介しています

どんな能力アップを目的に、どんな力を使うのか解説しています

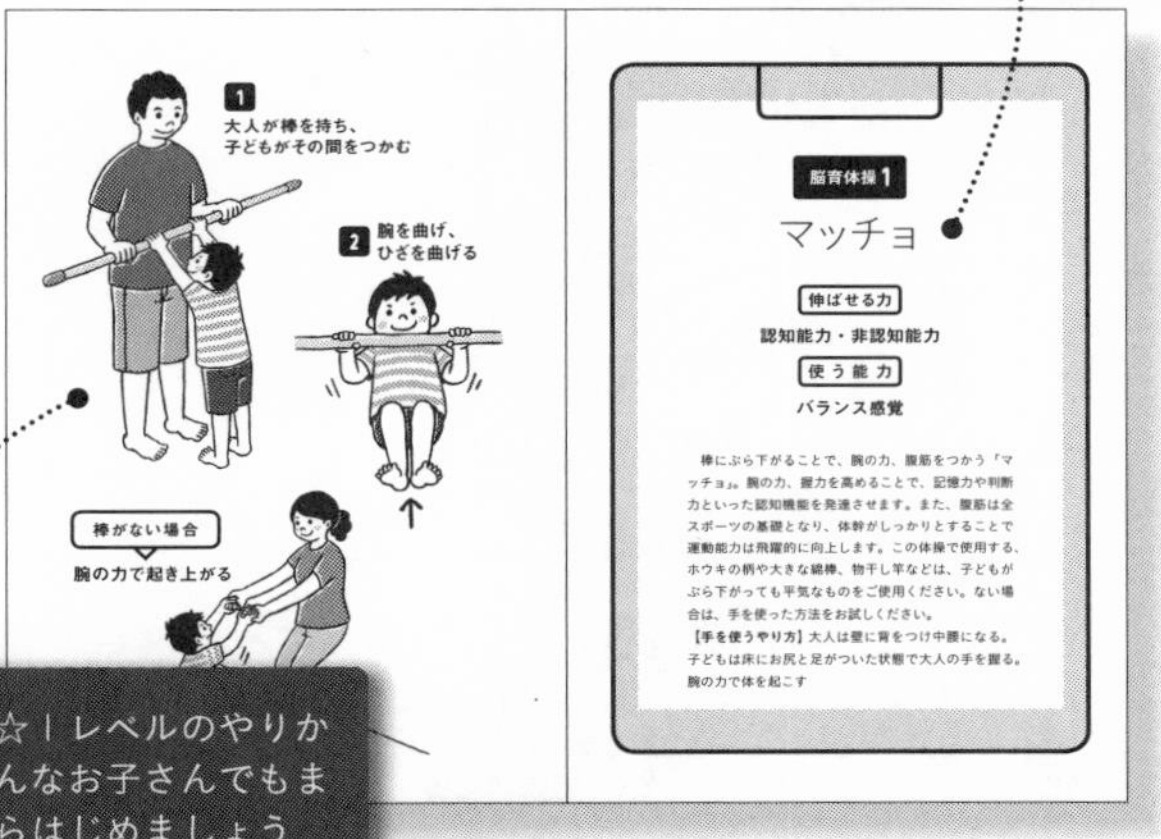

基本となる☆1レベルのやりかたです。どんなお子さんでもまずはここからはじめましょう

レベルごとのやり方を紹介しています

☆1～5までのレベルのやり方を紹介しています。☆1から順番に行ってください

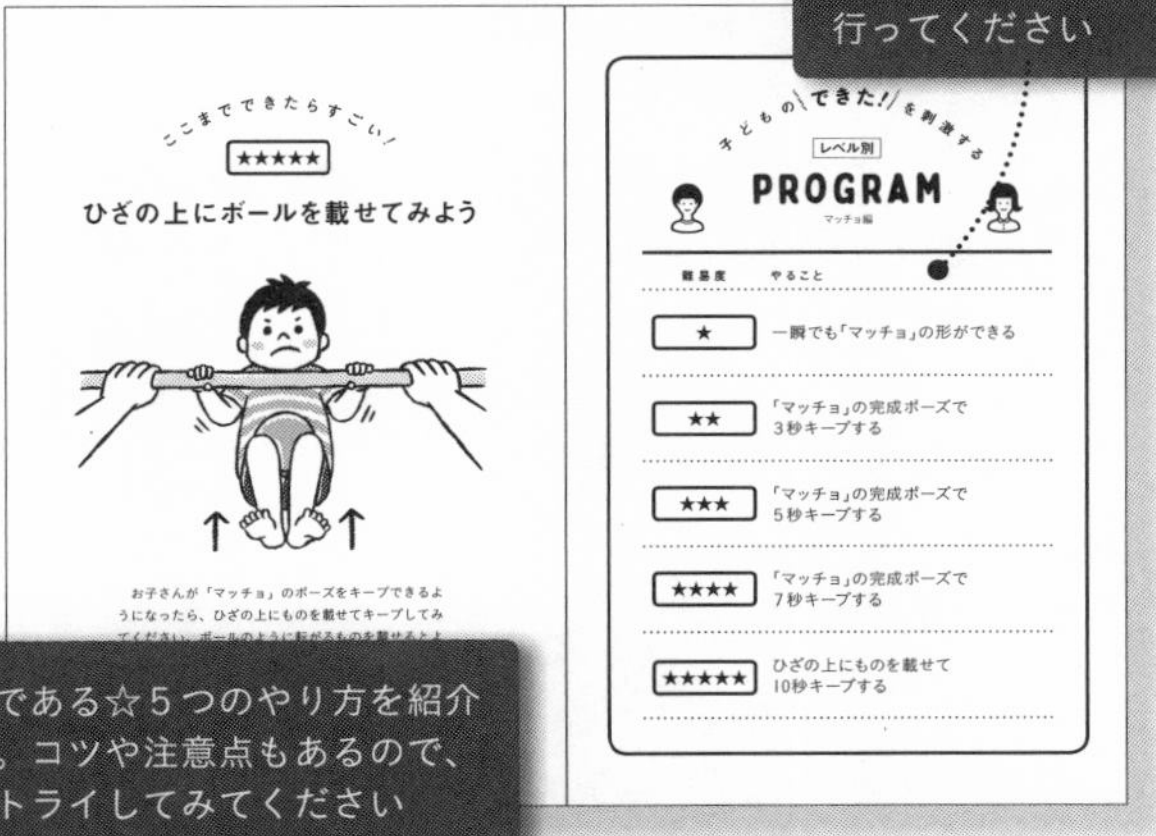

最高難易度である☆5つのやり方を紹介しています。コツや注意点もあるので、よく読んでトライしてみてください

脳育体操1

マッチョ

伸ばせる力

認知能力・非認知能力

使う能力

バランス感覚

棒にぶら下がることで、腕の力、腹筋、背筋をつかう「マッチョ」。腕の力、握力を高めることで、記憶力や判断力といった認知機能を発達させます。また、腹筋は全スポーツの基礎となり、体幹がしっかりとすることで運動能力は飛躍的に向上します。この体操で使用する、ホウキの柄や大きな綿棒、物干し竿などは、子どもがぶら下がっても平気なものをご使用ください。ない場合は、手を使った方法をお試しください。
【手を使うやり方】大人は壁に背をつけ中腰になる。子どもは床にお尻と足がついた状態で大人の手を握る。腕の力で体を起こす。

1

大人が棒を持ち、
子どもがその間をつかむ

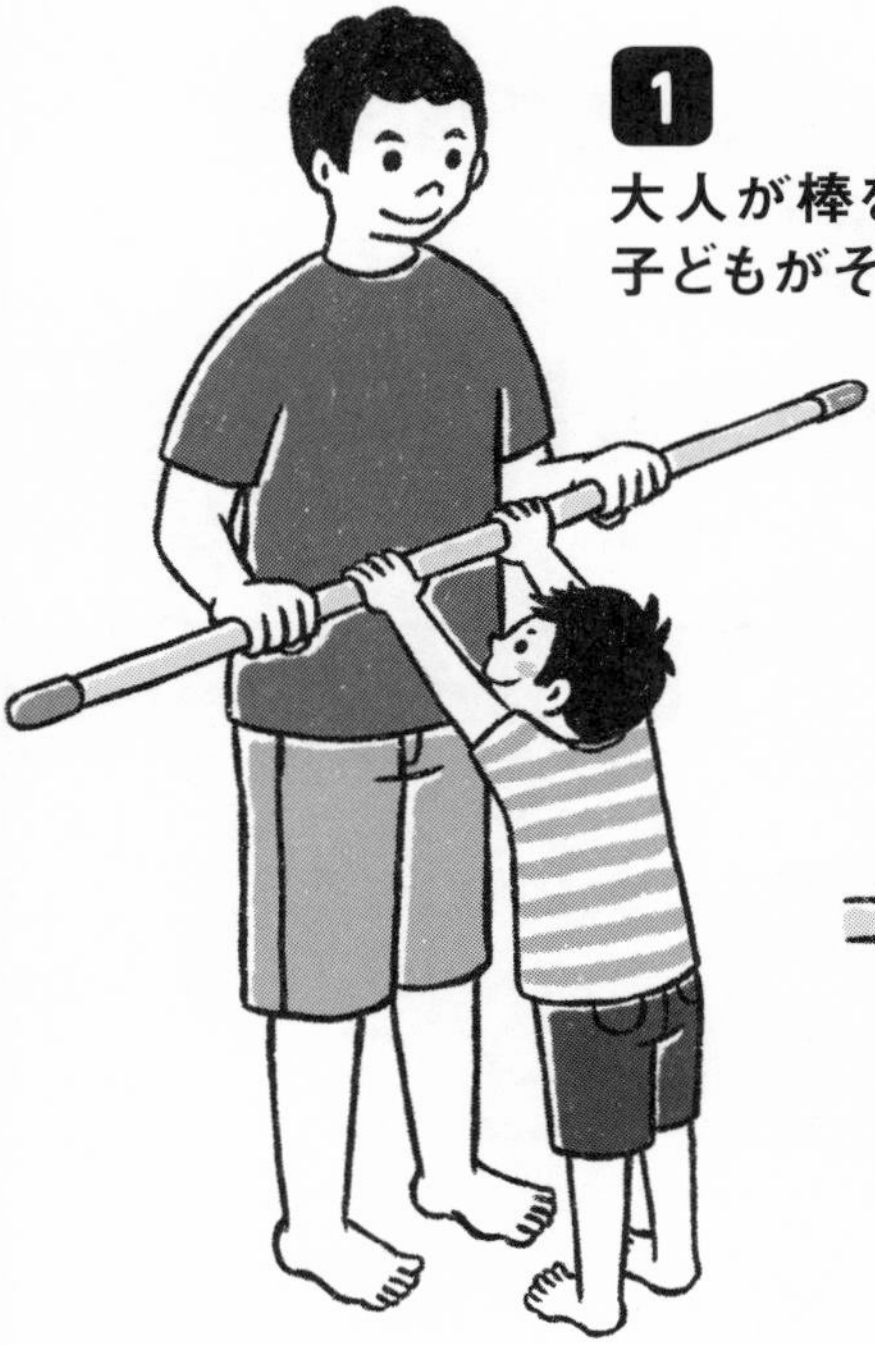

2 **腕を曲げ、**
ひざを曲げる

棒がない場合

腕の力で起き上がる

子どもの\できた!/を刺激する

レベル別

PROGRAM

マッチョ編

難易度	やること
★	一瞬でも「マッチョ」の形ができる
★★	「マッチョ」の完成ポーズで ３秒キープする
★★★	「マッチョ」の完成ポーズで ５秒キープする
★★★★	「マッチョ」の完成ポーズで ７秒キープする
★★★★★	ひざの上にものを載せて 10秒キープする

ここまでできたらすごい！

★★★★★

ひざの上にボールを載せてみよう

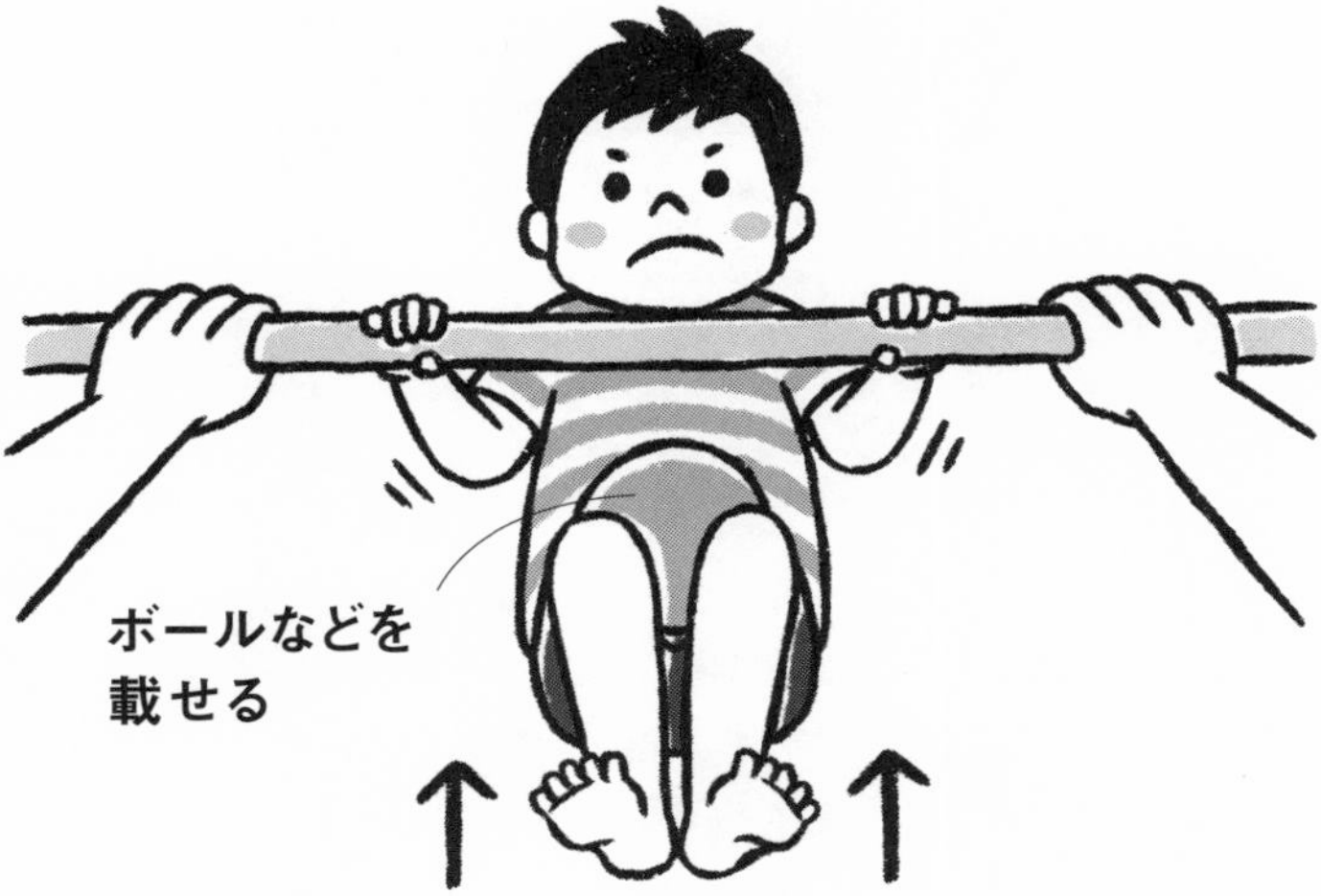

お子さんが「マッチョ」のポーズをキープできるようになったら、ひざの上にものを載せてキープしてみてください。ボールのように転がるものを載せるとより筋力を必要とします。これができるようになったら、腕の筋力、肘曲げキープの力、腹筋の使い方ができるようになったということです。子どもがつまずきがちな“逆上がり”もスムーズに習得できるでしょう。

脳育体操2

うさぎジャンプ

伸ばせる力

認知能力・非認知能力

使う能力

反応・リズム力

うさぎのようにピョンピョンと跳ぶ動きは、思い通りの速さとタイミングでスムーズな体重移動を実現させていかなければなりません。先を読む力、リズム力、空中でのバランスを取る調整力も同時に養われ、計算力や協調性の成長につながっていきます。

手をつくタイミング、身体の支持力、身体の移動感覚が身につくので、“跳び箱”の習得に有効です。大人も一緒にピョンピョン跳んで楽しく身につけましょう。

1

足をそろえて
しゃがみ
手を前につきます

2

少し跳びながら手を前につきます。
足をおろします

子どもの\できた!/を刺激する

レベル別

PROGRAM

うさぎジャンプ編

難易度	やること
★	手をついたまま、足だけを上げることができる
★★	前に跳んで手をつき、手の後ろに足を着地させることができる
★★★	止まることなく3回連続で行う
★★★★	うさぎジャンプで5mを8回で跳べる
★★★★★	うさぎジャンプで5mを5回で跳べる

ここまでできたらすごい！

★★★★★

5mを5回で跳べるかな？

お子さんがピョンピョンとリズムよく跳べるようになったら、いかに少ない回数でゴールまで到達できるか挑戦させてみましょう。5回がひとつの目安ですが、それ以上を目指してもかまいません。子どもが限界まで挑戦するようになるということは、チャレンジする力が養われている証拠です。新記録が出たら一緒に喜んで、たくさんほめてあげてください。

脳育体操 3

ふとんでマット

伸ばせる力

認知能力・非認知能力(創意工夫)

使う能力

回転

前転をします。回転する動きは日常生活ではない動きです。ふだんとは違う体験は脳への刺激につながりますし、イメージした動作を実際に身体を使って行っていくために、高い集中力と身体のコントロール能力を引き出します。また、回転することで三半規管が鍛えられ、平衡感覚を向上させることにもなります。

前転をする時におでこや頭のてっぺんをふとんにつけると首に負担がかかり、失敗しやすいので、後頭部をつけるイメージを伝えてあげてください。最初はタオルをあごに挟んで行うと自然と後頭部をつけ、身体が丸くなりやすくなります。

1

ふとんをしく

2

前転をする

子どもの できた! を刺激する

レベル別

PROGRAM

ふとんでマット編

難易度	やること
★	手をついて回ることができる
★★	前転の後、身体を起こすことができる
★★★	前転の後、手をついて立ち上がることができる
★★★★	前転の後、手をつかずに立ち上がることができる
★★★★★	前転の後、手をつかずに2秒以内で立ち上がることができる

ここまでできたらすごい！

★★★★★

すぐに立ち上がることができたらすごい！

前転の後に立ち上がるには、起き上がるための腹筋、背筋、脚力が必要です。上半身と下半身をバランスよく鍛えることにつながります。前転だけでなく、その後に立ち上がるという動作を加えることで、マット運動でもどんどん難しい技に挑戦していくことができるようになるでしょう。

脳育体操 4

かべ歩き(手)

伸ばせる力

認知能力・非認知能力

使う能力

反り、柔軟性

立った状態から身体を反らせていく体操です。回転と同様、反るという動作も日常生活ではなかなかしない動きです。どれくらいの力を入れていけばいいのか、自分の身体はどこまで反ることができるのか、身体操作力と周辺状況の認知によって、脳内での情報処理が鍛えられます。また、「もう少し反ることができそう、でもできない…」、「少しいけた、もう少し…」を繰り返すことで、粘り強さを身につけることができます。

反る動作はふだんしないので、最初は大人が子どもの正面に立って、腰を支えてあげるようにしてください。滑らないように裸足で行うとよいでしょう。

1

かべを背にして
バンザイをする

2

背中を反らし、
かべに手をつく

子どもの＼できた！／を刺激する

レベル別

PROGRAM

かべ歩き（手）編

難易度	やること
★	反って、かべに手をつくことができる
★★	反って、かべに手をついた状態から手を２歩下げる
★★★	反って、かべに手をついた状態から手を４歩下げる
★★★★	反って、かべに手をついた状態で身体の半分くらいまでいける
★★★★★	反って、かべに手をついた状態でブリッジができる

ここまでできたらすごい！

★★★★★

ブリッジまでいけるかな?

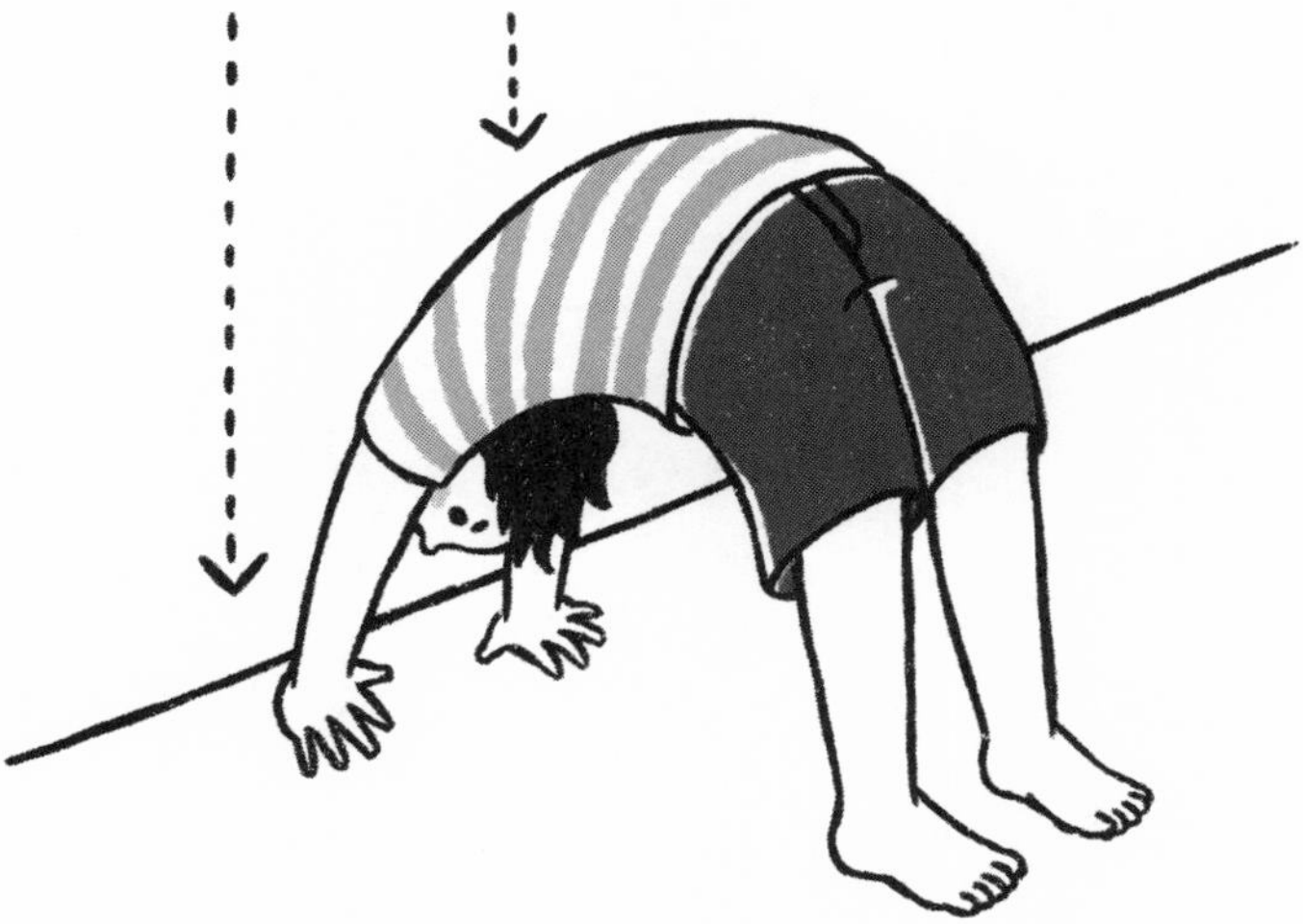

手をかべにつけるだけの状態から、徐々に手を下へ歩かせていき、最終的にはブリッジができるようになることを目指しましょう。マット運動の中でも苦手な子どもが多いブリッジも段階を追っていけば達成感を感じながらできるようになります。

なかなか上手くいかない時は、最初に立つ位置が、かべから遠すぎたり、近すぎたりすると難しいので、反った時の距離感をみてあげましょう。

脳育体操5

かべ歩き(足)

伸ばせる力

認知能力・非認知能力

使う能力

支持力

腕の力で身体を支える力が必要な体操です。反転することでバランス感覚も養われます。周辺の位置関係を適確に把握し、身体の動きや姿勢を方向づけることで、こまかな判断力が培われます。一歩一歩、倒立へと向かっていくので、粘り強さが生まれます。

最初はかべに足をつけるところから、徐々にかべと手をつく位置を近くしていって、倒立を目指しましょう。前に崩れることを防ぐため、大人は子どもの腰を持ってあげましょう。倒立姿勢になってから降りる時は、再度手を前に歩かせて降りましょう。

1

かべを背にして しゃがみ、手をつく

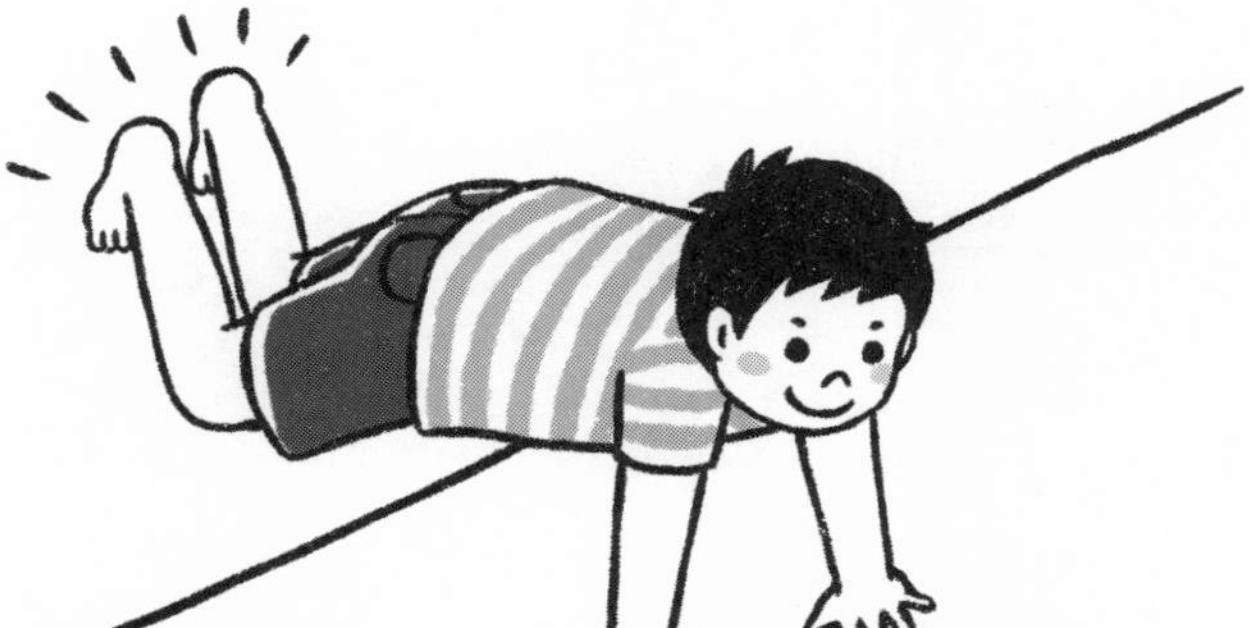

2

足をかべにつける

子どもの できた！ を刺激する

レベル別

PROGRAM

かべ歩き（足）編

難易度	やること
★	一人で両足をかべにつけた姿勢をつくることができる
★★	手を２歩、かべに近づけることができる
★★★	手を４歩、かべに近づけることができる
★★★★	手の位置がかべから30cmほどで逆立ちができる
★★★★★	手の位置がかべから10cmほどで逆立ちができる

ここまでできたらすごい！

★★★★★

手とかべの位置が10cmまでいく?

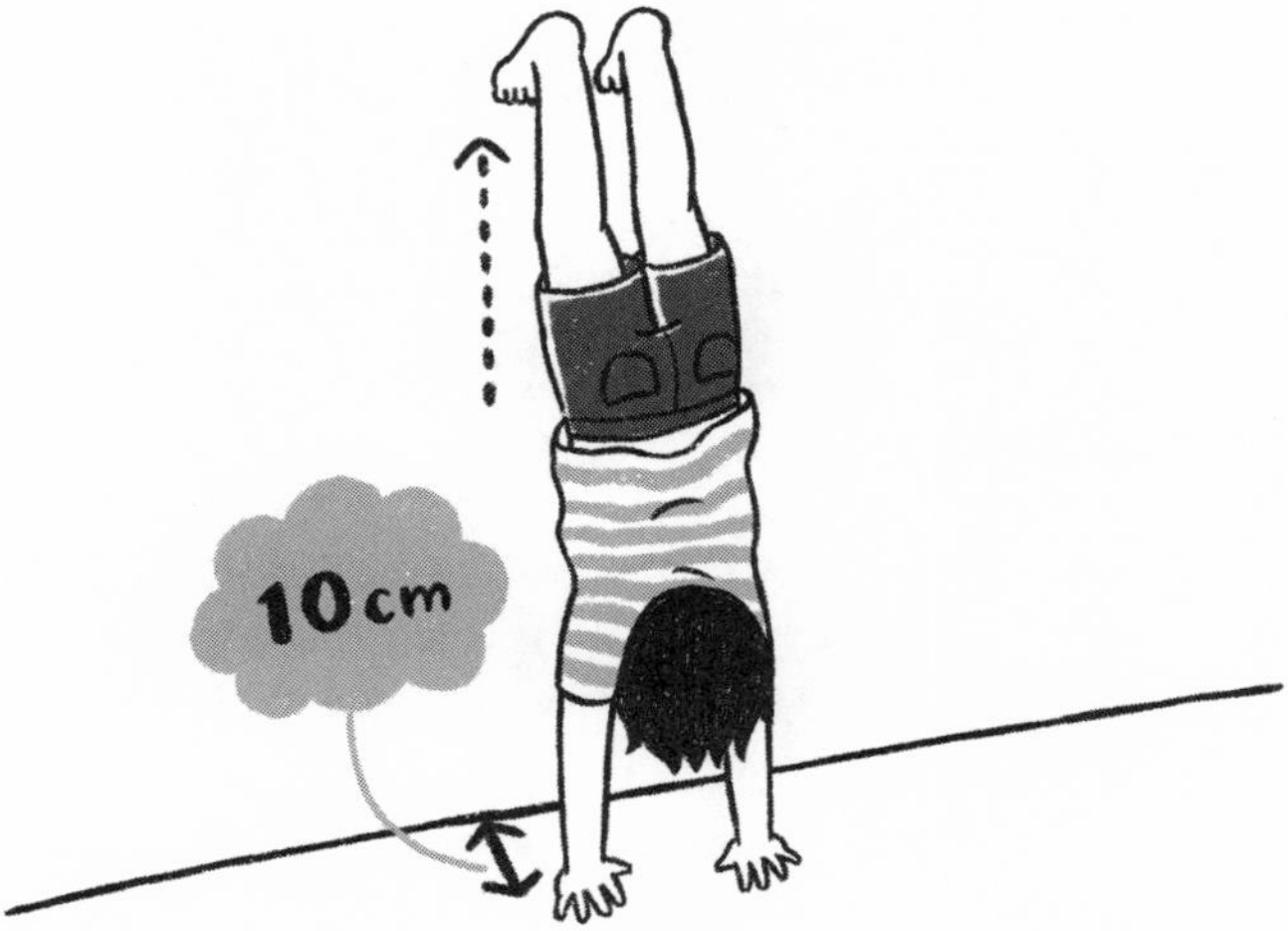

単純に足をかべにつけただけの状態から、最後は倒立ができるようになることを目指しましょう。この動きができるようになると、倒立だけでなく、倒立の要素が入った側転もきれいにできるようになります。マット運動の難しい種目が「できる！」という自信はお子さんの自己肯定感を高めることでしょう。

脳育体操 6

おしりバランス

伸ばせる力

認知能力・非認知能力

使 う 能 力

体幹、対応力

座った状態で足を浮かせ、キープする体操です。体幹を使い、身体の行動を制御することを通じて、集中力、対応力が高められます。また、体幹はスポーツ全般で使われる筋力です。体幹によってぶれない軸のある身体ができると、野球でのスイング、サッカーのシュート、ラグビーのタックルなど他のスポーツ能力を上げる際にも有効です。

最初は足を浮かすためにバランスを取るだけでも大変かもしれません。上半身が倒れないように見守りながら、足を伸ばし、上げていけるようにチャレンジしていきましょう。

1

バスタオルを折りたたんで座布団をつくる

2

座布団の上に座り、足を浮かせる

子どもの＼できた！／を刺激する

レベル別

PROGRAM

おしりバランス編

難易度	やること
★	ひざを曲げた状態でもOK。足を浮かせて5秒キープできる
★★	ひざを伸ばした状態で、足を浮かせて3秒キープできる
★★★	ひざを伸ばした状態で、足を浮かせて5秒キープできる
★★★★	ひざを伸ばした状態で、足を浮かせて10秒キープできる
★★★★★	ひざを伸ばした状態で、足を床から45度の角度まで上げた状態で10秒キープできる

ここまでできたらすごい!

★★★★★

足を45度まで浮かせる!

ひざを伸ばした状態でキープできるようになったら、ずいぶん体幹が鍛えられてきた証拠。少しずつ足を上げていくことにもチャレンジしてみましょう。ほとんどの失敗が後ろに倒れるケースなので、身体を倒しすぎずに足を徐々に上げていくとうまくいきやすいです。☆５つまでできるようになったら、落ち着き、集中力のある子になっていることでしょう。

脳育体操7

腕ぶら下がり

伸ばせる力

認知能力（記憶力）

使う能力

握力による大脳刺激

腕組みをした大人にぶら下がる体操です。ぶら下がるという動きは握力を使います。握力が鍛えられ、胸部が発達することによって、酸素の吸収量が増えます。脳に供給される酸素量が増えることによって、大脳が飛躍的に発達します。じつは握力を鍛えることは記憶力を司る大脳の働きがよくなることにつながるのです。だんだん重たくなってきて、お父さんもお母さんも大変かもしれませんが、ここはひとつ頑張って、お子さんをぶら下げてあげてください。その際に、お子さんは親指をのぞいた４本の指でぶら下がるようにしてください。

親指はつかわない
1
大人の腕に
子どもがぶら下がる

子どもの＼できた！／を刺激する

レベル別

PROGRAM

腕ぶら下がり編

難易度	やること
★	ぶら下がった状態を3秒キープできる
★★	ぶら下がった状態を5秒キープできる
★★★	ぶら下がった状態を10秒キープできる
★★★★	大人がゆらして、5秒キープできる
★★★★★	大人がゆらして、10秒キープできる

ここまでできたらすごい！

★★★★★

ゆらして10秒耐えられるか？

３秒ぶら下がるのがやっとだったお子さんが、10秒ぶら下がることができるようになったら、次のステップは大人が腕を左右にゆらすことです。徐々にゆれを大きくしていってもいいですね。何秒できるかカウントしながら、お子さんとのふれあいも楽しんでください。子どもにとって親とのふれあいは最も脳を活性化させます。

脳育体操 8

後出しじゃんけん

伸ばせる力

認知能力（判断力）

使う能力

視覚の集束機能

子どもに後出しじゃんけんで勝ったり、負けたりしてもらう体操です。大人の出したじゃんけんの手を瞬間的に判断するということは、前頭前野を刺激します。前頭前野は思考力を司っています。少しずつ難易度を上げていくことで、複雑な情報を処理し、判断をくだす力が伸びていきます。

1

大人が先に手を出す

2

2秒後に子どもが勝ちを出す

子どもの＼できた！／を刺激する

レベル別

PROGRAM

後出しじゃんけん編

難易度	やること
★	２秒以内に「勝ち」を出せる
★★	２秒以内に「負け」を出せる
★★★	１秒以内に「勝ち」を出せる
★★★★	２秒以内に右手で「勝ち」、左手で「負け」を出せる
★★★★★	出す人が出した手と違う手を言葉で言いながら２秒以内に右で「勝ち」、左で「負け」を出せる

ここまでできたらすごい！

★★★★★

言葉に惑わされずに手を出そう!

後出しじゃんけんで勝つこと、負けることができるようになったら、次のステップは両手で勝ちと負けをだすこと。最終的には2秒でそれぞれの手が出ることを目指しましょう！★★★★と同じですが手を出す際に言葉でフェイントをかけます。親がパーをだすなら、声でグーやチョキと言うことで子どもは迷います。より視覚に集中することを養えます。

脳育体操9

スカーフお手玉

伸ばせる力

認知能力（論理力）

使う能力

視覚の集束機能

スカーフ、もしくはスーパーのサッカー台にあるナイロン袋を使ってお手玉のように飛ばしてつかむ体操です。このように投げたスカーフを目で追いかけ、距離を調整し、つかむことは右脳も左脳もフル活用している状況です。これは思考や創造性を担う前頭前野を刺激します。ものごとを組み立てて考える思考が養われ、論理力アップにつながります。

最初は1つを投げてつかむところから。徐々に数を増やしていきましょう。スカーフやナイロン袋はボールよりもふわりとするので落下速度が遅くなり、挑戦しやすいところがポイントです。

1 スカーフを投げる

2 投げた手でつかむ

子どもの＼できた！／を刺激する

レベル別

PROGRAM

スカーフお手玉編

難易度	やること
★	1つのスカーフを投げて、投げた手で取る
★★	両手にスカーフを持ち、投げた手でそれぞれ取る
★★★	2つのスカーフを投げて、横にいるパパ（もしくはママ）とタッチをした後、それぞれの手で取る
★★★★	2つのスカーフを投げて、投げた手とは反対の手で取る
★★★★★	3つのスカーフでジャグリング。1つが浮いている状態をキープする

ここまでできたらすごい！

★★★★★

3つ投げてジャグリングに挑戦！

★★★★が連続でできるようになったら、ジャグリングに挑戦！まずは右手に２つ（A・C)、左手にｌつ（B）持ちます。ｌつ投げて、頭の頂点を通り過ぎたら交互にスカーフを投げます。動作としてはAを右手で投げる→Bを左手で投げる→Aを左手でキャッチ→Cを右手で投げる→Bを右手でキャッチ→Cを左手でキャッチとなります。３個になると難易度はぐっと上がるので、２個の時よりも落ち着いてスカーフの動きを見ることが必要です。親子で挑戦してみましょう！

脳育体操10

瞬間立ち

伸ばせる力

認知能力（集中力）

使う能力

視覚の集束機能

子どもが寝た体勢から、「よーい、はい！」のかけ声で立ち上がってもらう体操です。正しく聞き取り、判断する。そのために神経を研ぎ澄ませて音を聞くということは集中力を鍛えることにつながります。スマホやゲームなど視覚情報が優位の現代では、耳で聞いた情報を脳に取り込む力を鍛えることも意識して行っていくことがのぞましいでしょう。「よーい、はい！」を「よーい、ドン！」「よーい……サイ！」などトラップもまぜながら、ゲーム感覚でお子さんの集中力に磨きをかけていってください。

1

うつぶせの状態になる

2

かけ声から
3秒以内に立ち上がる

子どもの「できた！」を刺激する

レベル別

PROGRAM

瞬間立ち編

難易度	やること
★	うつぶせ状態から、かけ声がかかって3秒以内で立ち上がる
★★	うつぶせ状態から、かけ声がかかって2秒以内で立ち上がる
★★★	あおむけ状態から、かけ声がかかって3秒以内で立ち上がる
★★★★	あおむけ状態から、かけ声がかかって2秒以内で立ち上がる
★★★★★	あおむけ状態から、かけ声がかかって1秒以内に立ち上がる

ここまでできたらすごい！

★★★★★

あおむけから1秒で立とう!

うつぶせ状態から立ち上がることができるようになったら、あおむけ状態から立ち上がることにチャレンジ。難易度が増すごとに集中力、瞬発力がつくだけでなく、徐々に腕や足の筋力、体幹も鍛えられていきます。兄弟がいるご家庭はぜひ一緒に行ってみてください。まわりに人の気配があることでより高い集中力が、楽しみながら身につくことでしょう。

脳育体操 11

タオルジャンプ

伸ばせる力

認知能力（計算力）

使う能力

リズム力

細長くたたんだバスタオルを中心にして、手拍子に合わせてリズミカルに左右に跳んでいきます。音を聞いて、合わせて跳びあがるというのは、頭で考えていてはとても追いつきません。跳ぶ時は運動に必要な筋力だけでなく、先を読む力、リズム力、空中でのバランスを取る調整力も同時に養われます。これによって計算力を司る脳の前頭前野が活性化されていきます。

手拍子に合わせて
リズミカルに
左右に跳ぶ

子どもの できた! を刺激する

レベル別

PROGRAM

タオルジャンプ編

難易度	やること
★	「トン・トン」(1秒に1回くらいのリズム)の手拍子に合わせて、タオルを中心に左右交互に跳ぶ
★★	「トン・トン」の手拍子に合わせて、タオルを中心に左右交互に後ろに跳ぶ
★★★	「トン・トン・トン」の手拍子に合わせて、タオルを中心に左右交互に跳びながら前に進む
★★★★	「トン・トン・ト・ト・トン・トン・トン・トン」の手拍子に合わせて、タオルを中心に左右交互に跳びながら前に進む
★★★★★	「トン・トン・ト・ト・トン」のリズムで左右交互に跳びながら前に進み、「トン・トン・ト・ト・トン」のリズムで左右交互に跳びながら後ろに進む

ここまでできたらすごい！

★★★★★

「トン・トン・ト・ト・トン」で跳びながら往復できる

「トン・トン・ト・ト・トン」とリズムよく跳べるようになったら、後ろに進むことにも挑戦してみましょう。見えない方向へ跳んでいく勇気や、普段と違う動作に大いに刺激を受けることでしょう。レベル5がラクラクできるようになったら、アップテンポの曲に合わせて跳ぶのもリズム力育成に効果的です。

脳育体操12

風船リフティング

伸ばせる力

非認知能力（忍耐力）

使う能力

視覚の集束機能

風船でのリフティング。一見簡単そうに思えますが、力の加減を調整する想像思考、落ちてくる方向を意識するための空間認知能力を必要とし、どうしたらうまくいくだろうかと手を変え品を変え、粘り強く挑戦しなければ上手くいかないのが風船リフティングなのです。リフティング自体は足のどこをつかっても、両足でもOKです。最高難度が達成できるまでぜひ挑戦してみてください。

リフティング2回

子どもの できた! を刺激する

レベル別

PROGRAM

風船リフティング編

難易度	やること
★	連続して 2回蹴り上げることができる
★★	連続して 5回蹴り上げることができる
★★★	連続して 10回蹴り上げることができる
★★★★	その場から動かずに連続して 10回リフティングを行う
★★★★★	リフティングとヘディングを 交互に10回できる

ここまでできたらすごい!

★★★★★

足、頭を交互に使うことができるか?

風船リフティングの要領がつかめてきたら、風船の動きに合わせるのではなく、風船の動きをコントロールするよう促していきましょう。このスペース内でやってみようと範囲を決めることで、どうしたら風船を飛ばしすぎないか考えるようにもなります。回数だけでなく、コントロールという負荷は子どもの粘り強さに火をつけます。最終的にはリフティングとヘディングが交互にできることを目指しましょう!

脳育体操13

じゃんけんサバイバル

伸ばせる力

非認知能力（やり抜く力）

使う能力

視覚の集束機能

新聞の上に乗って、どれくらいの大きさまで耐えられるかを競います。じゃんけんで勝ったほうが負けたほうの新聞を折っていきますが、この時のハラハラ感、緊張、不安、そして克服は緊張の乗り越えにつながり、自信、やり抜く力（自己信頼）を培います。成功に必要な力は才能以上にやり抜く力であるともいわれています。逆境の中で諦めずにやり抜く力は、学校でも社会に出てからでも、あらゆるシーンで役立ちます。

1

**新聞の上に乗って
じゃんけん**

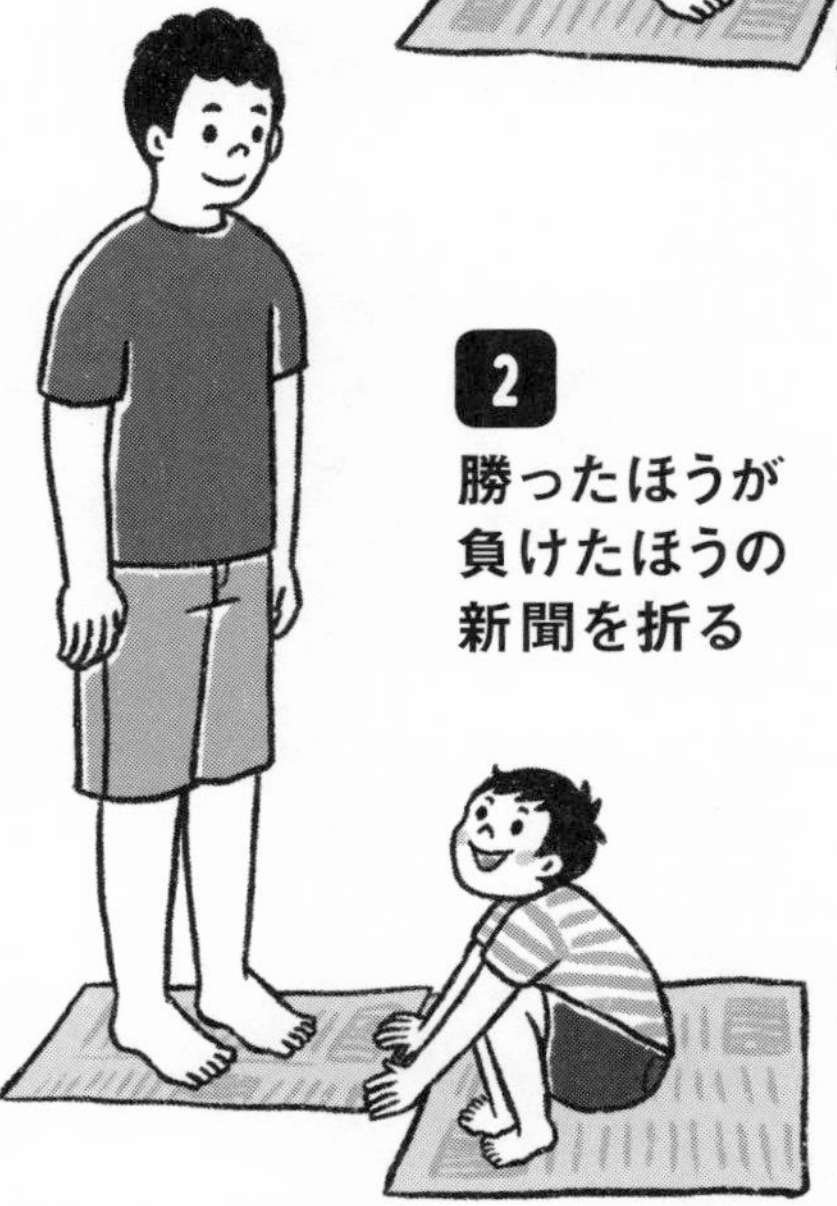

2

**勝ったほうが
負けたほうの
新聞を折る**

脳育体操 14

足グーパー

伸ばせる力

非認知能力（協調性）

使う能力

自己有能感

片方が座り、もう片方が立った状態で交互に開いて閉じてを行う体操です。息を合わせて行わないと足を踏んでしまいます。これは「自分にはできる」という自己有能感、セルフイメージを改善するコンピテンシーが試される体操です。恐怖心や不安があったり、相手への信頼関係がなければうまくできません。この体操を続けることでメンタルが鍛えられます。最初はゆっくり、できるようになってきたらスピードを上げたり、テンポを変えるなど変化をつけることで、自己有能感や協調性が鍛えられます。

1

大人は足をひらき、
子どもは
その間に立つ

2

タイミングを合わせて
開いて閉じてを行う

脳育体操 15

クモ歩き

伸ばせる力

非認知能力（創意工夫）

使う能力

腹背筋、バランス力

手足を順序よく動かしていくクモ歩き。脳の運動野と言語野を刺激する動きになります。このように脳の広い分野を活性化させることは「ひらめき」を生み出すことにつながります。創意工夫に富んだアイデアを出していけることは、ＡＩ時代にこそ求められる能力です。まずは、クモ歩きの１歩、２歩から。歩数が伸びるごとに「できたね」「すごいね！」「もう１歩！」と伝えてあげてください。

1

体操座りをして手をつく

2

おしりを浮かせる

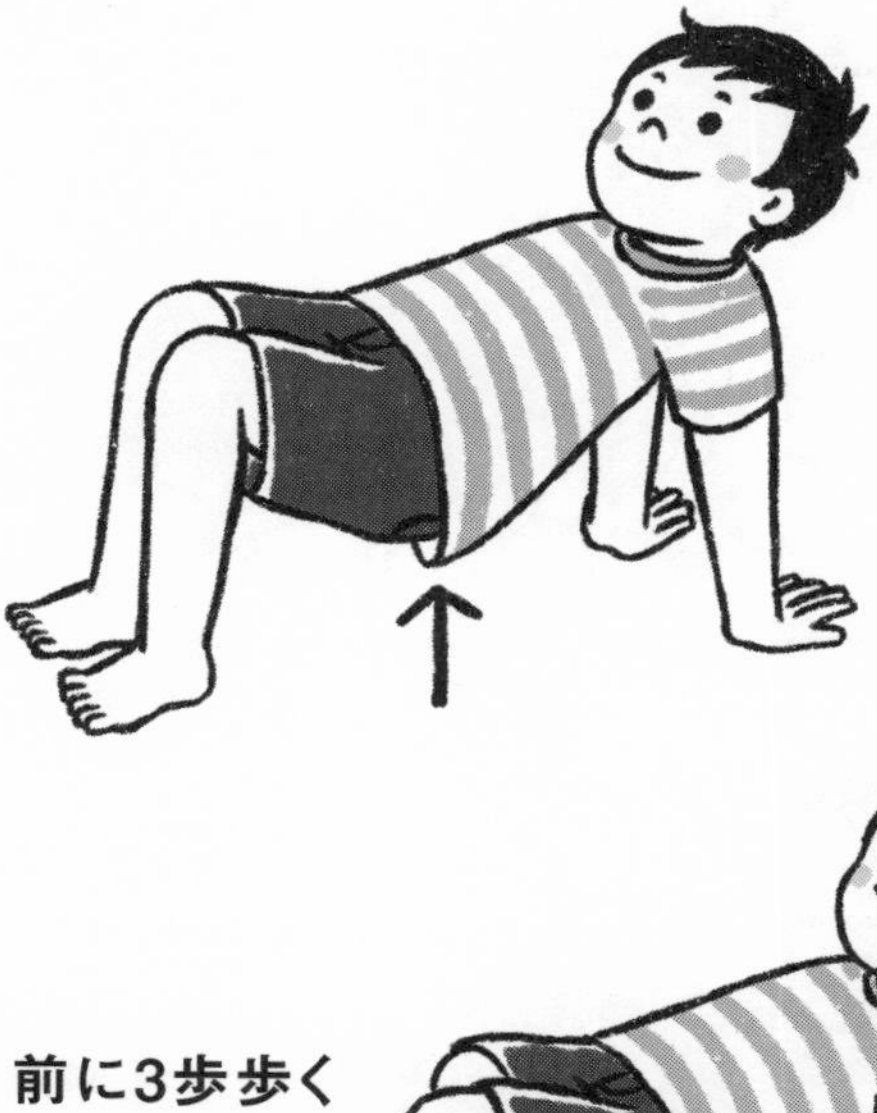

3 **前に3歩歩く**

子どもの＼できた！／を刺激する

レベル別

PROGRAM

クモ歩き編

難易度	やること
★	３歩、前に歩く
★★	３歩、後ろに歩く
★★★	３歩、横に歩く
★★★★	お腹に丸めたタオルを載せて ３歩前に歩く
★★★★★	お腹に丸めたタオルを載せて 横歩きで３ｍ往復する

ここまでできたらすごい!

★★★★★

お腹にものを載せて横歩きで往復!

お子さんが自由に前後左右に歩けるようになったら、お腹に丸めたタオルや新聞紙などを載せてクモ歩きをさせてみましょう。落とさないようにするために、よりバランス力が必要になります。まずは後ろ歩きに挑戦。最終的には横歩きができるよう挑戦していきましょう!

脳育体操 16

ごみ箱シュート

伸ばせる力

非認知能力（対応力）

使う能力

行動抑制力

丸めた新聞紙をゴミ箱などの入れ物に投げ入れます。新聞が目標の場所に到達するには集中して、自分の動きを調整することが必要です。この行動抑制力には、自らを見失うことなく対応できる力が必要です。落ち着きのある子は集中して狙って投げますし、落ち着きのない子は目的を狙い定めず、力任せに投げます。しっかりと目標を狙い、落ち着いて投げる練習にしましょう。丸めた新聞はボールよりも難易度が高いです。30㎝ほどの紐をつけると、投げた時の軌道がわかるので、どうしたらよりシュートが決まるか考えながら投げることができます。

1

新聞紙を丸めて、紐をつけたものを用意

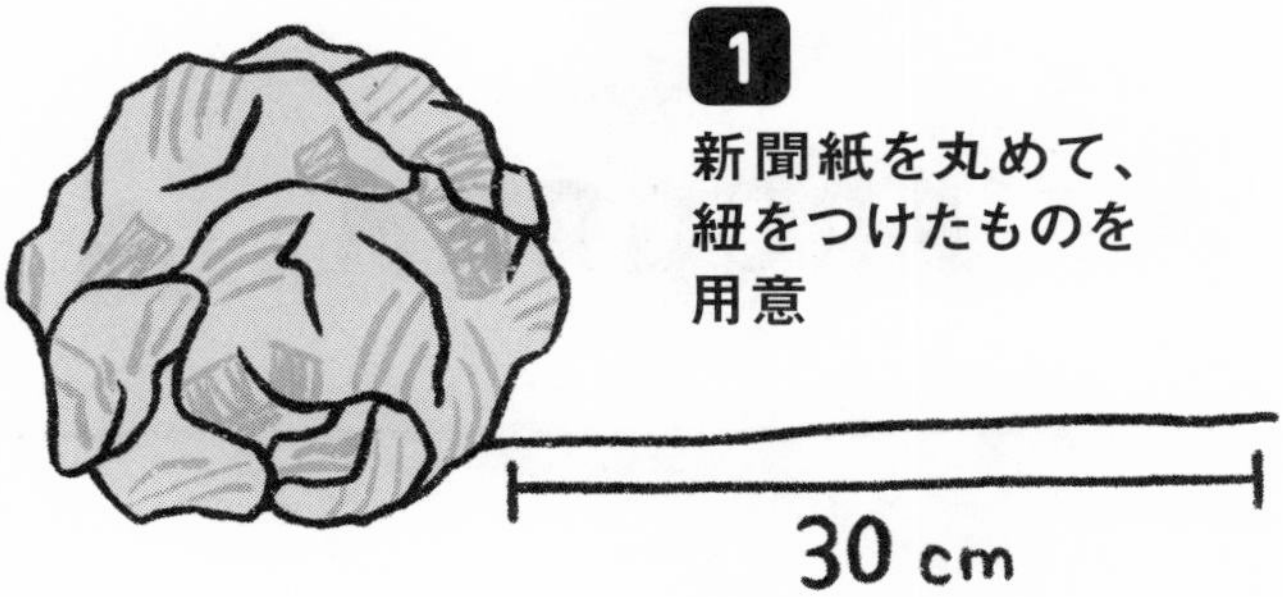

2

2歩先の箱に入れる

子どもの＼できた！／を刺激する

レベル別

PROGRAM

ごみ箱シュート編

難易度	やること
★	2歩先の箱に入ったらOK
★★	2歩先の箱に10回投げて4回入ったらOK
★★★	3歩先の箱に入ったらOK
★★★★	4歩先の箱に入ったらOK
★★★★★	4歩先の箱に10回投げて4回入ったらOK

ここまでできたらすごい！

★★★★★

4歩先の箱に10回投げて何回入るか？

年齢によっては、投げて入れるだけでも難しいかもしれません。最初は新聞紙が箱に入るというおもしろさがお子さんに伝われば十分です。場合によっては大人が箱を持って、子どもの投げた新聞紙をキャッチしてもいいでしょう。できるようになってきたら、距離を延ばし、成功率を上げていきましょう。

COLUMN

ついつい子どもを叱ってしまうパパ・ママへ

夫婦で、1日だけでもいいので朝起きて夜寝るまでの間、叱らない日をつくってみてください。

「子どもを叱らない」

これをルールにするのです。

きっと子どもも様子の違いに気づくでしょう。また親自身も「叱らない」を意識することで新たな発見が生まれるはずです。

母親が一生の内にもっとも怒る相手は子どもだと言われていますが、裏を返せば子どもと接する時間がとても多いのだとも言えます。

ぜひ一日だけでも実施してみてください。


そして、「笑顔をつくる」ことを意識してみてほしいのです。

「笑い」には不思議な力があります。安心し、不安を取り除き、信頼が生まれます。


体操教室内ではできるだけ「笑い」が起きるように努力しています。

笑わせようとか笑おうとかを意識してしまうとなかなか難しいと思います。

一緒に笑える環境、例えば家族でバラエティー番組を観てもいいでしょうし、〝黒ひげ危機一発〟のようなゲームで笑いを共感してみてください。


「叱らずに、笑う」

きっと家族の関係に変化が生まれるはずです。

PART 2

この体操でなぜ「**脳**」が育つのか？

脳と身体の密接な関係

脳の機能は成長とともに変化する

跳び箱をやって「できな〜い」と泣いていた子が、次にはラクラク跳べて、どんどん高い段をクリアしていった。

鉄棒を怖いといって尻込みしていた子が、グライダーができるようになったのをきっかけに、前転や逆上がりなどの難しい技に自分から挑戦するようになった。

このような子どもの急成長が体操教室ではよく起こります。

子どもたちにどんなことが起きているのか、成長の過程を見てみましょう。

私たちの身体は10年以上かけてゆっくりと成長していきますが、脳は生まれてから一気に成長し、10年でほぼ成人と同じレベルに達します。

脳には大脳、小脳、脳幹がありますが、脳のそれぞれの部分が成長していくことで、できることが増えていきます。寝返りがうてるようになる、ハイハイができる、つかまり立ちができる、歩き出す……というように、成長していく過程で少しずつできることが増えていくのは、脳もすさまじいスピードで成長しているからです。

もちろん、脳にも発達の段階があります。

脳には全体で1000億個以上の神経細胞があり、神経細胞はシナプスを通じて神経回路を形成します。

この神経回路の形成は、大脳皮質に均等に起こるわけではありません。

感覚系、認知系、記憶系、言語系、などの機能が集中する脳の後方領域（後頭葉、頭頂葉、側頭葉）から、思考系、コミュニケーション系、情操系、自己統制系などの機能が集中する脳の前方領域（前頭葉）へと進んでいくと考えられています。

さらに脳の発達には、生まれてから3歳頃の神経細胞が増え続ける段階、3歳から7歳頃の不要な細胞が死滅して必要な細胞だけが残り、神経回路が作られ発達していく段階、7歳から10歳前後の神経回路のさらなる発達が進み、完成に近づく段階の大きく3つの発達段階に分けられます。そして発達は、その後ゆっくりと進み、20歳頃にピークを迎えます。

子どもが少しずつ、だけれども急速に成長していくのはこのためなのです。

脳の発達には段階があると説明しましたが、最近の研究では運動、反復、継続することで新しい神経回路の活性化は可能だということもわかってきました。

最近の子どもは脳への刺激が減っている!?

脳と身体は連動しています。

そもそも、私たちが何も意識せずに歩いたり、モノを持ったり、ふり向いたりと自然に身体を動かすことができているのは、脳の働きのおかげです。

脳の神経細胞には樹状突起《じゅじょう》という、枝状のものが出ています。この樹状突起は他の神経細胞から出ている樹状突起と結びつき、樹状突起同士の間を電気信号が流れることで、人は様々なことができるようになっていくわけです。

樹状突起はたくさんの刺激を受けることで、密に枝分かれしていきます。枝が密になればなるほど、他の枝と結びつきやすくなります。神経回路が作られ、伝達がスムーズにいきやすくなるというわけですね。

脳が発達中の幼少期の子どもにとって、この刺激とは机で行う学習だけではなく、五感を複雑に使った動きのほうが有用です。複雑な動きをすればするほど、脳の神経回路は強固になり、多くの領域を使って、状況判断から運動の実行までを行っていることになります。

ですから、体操で行うようなすばやい方向転換などの敏捷な身のこなしや、状況判断・予測などの思考判断を必要とする全身運動は「脳をたくさん働かせ、成長させること」につながるわけです。

ところが、最近の子どもは脳への刺激が減っているように感じます。というのも、幼稚園に通わせているお母さんから、「最近の子は〝要介護状態〟のようです」という話を聞いたからです。

言われてみれば、最近は幼稚園や習い事の送り迎えは自転車や車。家はマンションで、エレベーターで自宅階へ上がる。帰ってからは、外遊びをすることもなく家の中でおもちゃやゲームをして過ごす……という生活パターンを送っている子どもたちが少なくないように感じます。

遊び場がないというだけでなく、歩いてすらもいないわけです。

ですからその分、幼稚園や保育園で十分に身体を動かせればいいのですが、それもなかなか難しいのが現実です。園庭がないところや、あっても狭いところなど、厳しい条件のところもあるからです。

体操は「身体」「頭」「心」をバランスよく育てる

脳の成長には、順番があるとご説明しました。

最初に、身体を司る部分。主に、大脳辺縁系、視床、視床下部、中脳、橋、延髄などが続き、生後5年くらいかけて育っていきます。

次に成長するのは、言語や微細運動、思考などを司る部分です。主に大脳新皮質のあたりで、1歳頃からは育ちはじめ、学校での学習などから刺激を受けて、時間をかけて18歳くらいまで成長します。

いわゆる「脳」といって私たちが真っ先にイメージする、「頭がいい、悪い」の判断材料になる記憶力や計算力、語彙力などです。こうした認知能力は、この部分の成長によって発達していきます。

最後に、10歳を過ぎた頃から、心を司る前頭葉が育ちます。非認知能力と呼ばれる心の動きは、人間が人間であるために必要な高度な機能です。

子どもの脳の成長を促すには、この順番を守ることが重要だと言われています。

つまり、身体がしっかりコントロールできないうちから、計算や読み書きだけをさせても学力は伸びにくいし、挑戦する心やリーダーシップなどは身につきにくいのです。

ネイス体操教室では、1歳10か月のお子さんから通えるようになっています。この時期は足腰の筋力がついてきて、運動量が上がってくる時期です。

まだ足元もおぼつかない子たちですが、不安定な場所を走ったり、体操特有の浮遊感などを体験することで身体を動かす楽しさを知るようになります。身体を動かす楽しさを知った子たちはじきに動きが安定していき、自ら考えて新しいやり方や少し難しいことへチャレンジを始めます。

最初は失敗していても、何度も何度も挑戦していく様子に、子どもの成長を感じ、涙する親御さんもいらっしゃいます。

「体操」だからといっても、たんに運動能力があがるだけでは決してないのです。

「身体の使い方」で記憶力・集中力・計算力が上がる驚き！

神経機能の発達時期に獲得したい3つの動き

子どもの習い事には、水泳、バレエ、サッカー、野球……など、様々な種類のスポーツがあり、それぞれ人気があります。

身体を動かすのであれば、どんなスポーツでもいいのでは？　と思う方も多いことでしょう。

まず知っておきたいのが、神経機能の発達が著しい幼児期に、獲得しておきたい動きが大きく3パターンあることです。

❶身体のバランスを取る動き

立つ、座る、寝ころぶ、起きる、回る、転がる、渡る、ぶら下がるなど

❷身体を移動する動き

歩く、走る、はねる、跳ぶ、登る、下りる、這《は》う、よける、すべるなど

❸用具などを操作する動き

持つ、運ぶ、投げる、捕る、転がす、蹴る、積む、こぐ、掘る、押す、引くなど

そして、このような動きの獲得には、「動きの多様化」と「動きの洗練化」という2つの方向性があります。

1つ目の「動きの多様化」とは、体を動かす遊びや生活経験などを通して、3パターンの動きをやさしい動きから難しい動きへ、さらにひとつの動きから類似した動きへと獲得し、動きを増やしていくことです。

2つ目の「動きの洗練化」とは、年齢とともに、基本的な動き方（動作様式）が

うまくなっていくことです。

3、4歳の幼児を想像していただくと、動きに「力み」や「ぎこちなさ」がありますよね。しかし適切な運動経験を積んでいくと、年齢とともに無駄な動きや過剰な力みが減っていって動きが滑らかになります。そうすると、目的に合った合理的な動きができるようになります。それが、「動きの洗練化」です。

幼児期に神経機能を十分発達させていくには、この「動きの多様化」と「動きの洗練化」を通して、「多様な動きを幅広く獲得する」ことが望ましいのです。

ぴょんと跳んで計算力が上がるワケ

動きのパターンを3つあげましたが、体操にはこの動きの要素がすべて入っています。

「マッチョ」と「うさぎジャンプ」を例にみてみましょう。

マッチョは棒にぶら下がるというだけではありません。
じつは3種類の動作が連動することで成り立っています。

1. 棒を握る（つかむ→③用具などを操作する動き）
2. 腕を曲げてキープ（腕力→①身体のバランスを取る動き）
3. 地面から足を離す（蹴る②→身体を移動する動き）

ではうさぎジャンプはどうかというと、

1. 踏み切り（跳ぶ→②身体を移動する動き）
2. 手を着く（支える→①身体のバランスを取る動き、押す→③用具などを操作する動き）
3. 着地（下りる→②身体を移動する動き）

このように全身を使ったさまざまな動きが組み合わさっているので、動きを同時に獲得していけるのです。

うさぎジャンプは異なる動きを、止まることなく一連の動きの中で一瞬一瞬組み合わせて行っています。頭で考えていてはとても追いつきません。うさぎジャンプをしながら、先を読む力、リズム力、空中でのバランスを取る調整力も同時に養われているのです。

そのため脳では○○したらこうなるなという計算力にも通じる判断力の回路が強固になっていきます。

また、うさぎジャンプでは跳んだ数が明確にわかります。

「5mを3回で進む」のように数値化しやすいため、子どもにとって目標を定めやすくなります。すると、「5回で行けた! 3回でいくにはあと一歩前に手を着いてみよう」というふうに、どうしたら目標達成ができるかイメージしやすくなります。

すると、チャレンジ力や目標を達成するためにやり抜く力、段階を追ってできたという自信から生まれる自己肯定感が養われます。

ではマッチョはどうでしょうか?

マッチョで重要なことは筋力(腕力、脚力、腹筋、背筋)があることです。

筋力、中でも背筋は棒にぶら下がり、腕、足を曲げて体勢を保つために使います。

この背筋は正しい姿勢を形成する上でとても重要な筋力です。

身体を使うことが少ないお子さんほど、勉強で机に座る時や朝礼で立っている時、知らず知らずの間に猫背になってしまうことも多いようです。

ぶれない軸のある姿勢は集中力を高めます。正しい姿勢を身につけるために、背筋をはじめいろいろな筋力を養えるマッチョにチャレンジしてほしいですね。

話は少しずれますが、なかなか逆上がりができないお子さんは、蹴り上げた後鉄棒に身体を乗せようとして上手くいかないことが多いです。

逆上がりは、5種類の動作が連動することで成り立っています。

1. 蹴り上げ(蹴る→②身体を移動する動き、つかむ→③用具などを操作する動き)

2．腕を曲げてキープ（ぶら下がる↓①身体のバランスを取る動き）
3．身体を鉄棒に乗せる（腹筋↓①身体のバランスを取る動き）
4．回る（回転↓①身体のバランスを取る動き）
5．身体を起こして支持（起こす／腹筋・背筋↓①身体のバランスを取る動き）

ですから、マッチョで筋肉の使い方を覚え、筋力をつけることはとても有効です。加えて、蹴り上げた後に腕を曲げてキープすることを教えてあげると、するっとできるようになりますよ。

脳育体操には日常生活にない動きがたくさんあります。いきなりレベル5ができる子は少ないでしょう。しかし、失敗を経験し、何度もチャレンジすることで粘り強さは育まれます。創意工夫をしながら挑戦を続け、できたという体験は揺るぎない自信へとつながることでしょう。

AI時代に必須の非認知能力とは

今後ますます重要になってくる「非認知能力」。あまり聞き慣れない言葉かもしれません。

これは、従来の点数や偏差値で表すことができる認知能力とは反対に、数字では表せない能力のことです。たとえば自信、自己肯定感、自制心、柔軟性、想像力、社会性、協働力、回復力、やり抜く力などです。

こうした力は、AIがますます台頭するこれからの時代には、非常に重要になっていきます。

これまでは、点数や偏差値、すなわち認知能力がその人の能力を表していて、能力を認められるには暗記型中心の学習をしていればよかったでしょう。しかし、そのような能力はAIがいくらでも取って代わることのできる時代になっていきます。

そこで求められるのが、非認知能力なのです。これは、机上の勉強では身につけることのできない、心に根ざした能力です。

「心」を司る脳を刺激し成長させていくには、成功体験や自信をつけることです。

この点で体操は、他のスポーツよりも「子どもができるかどうかのギリギリのライン」を設定しやすいため、「できた！」「もう1回やりたい！」「楽しい！」「自分にもできる！」という子どもの小さな成功体験や自信を、うまく積み重ねていけます。


また、非認知能力は、何かに夢中になったり没頭したりすることで育まれます。

心理学では「フロー」と呼び、心理学者チクセントミハイ博士は、フローが大きなモチベーションにつながる「フロー理論」を提唱しました。

チクセントミハイ博士によると、「フロー理論とは〝自分を高めていくための発達のモデル〟であり、人は何かに夢中になる（フロー）経験を通して、自分の持っている能力をさらに伸ばすことができる」というのです。

ここで言う「能力」とは、「非認知能力」と等しいと考えていいと思います。

フロー状態にあるときには、「穏やかな心（精神的健康）」「折れない心（精神的回復力）」「チャレンジする心（視野が広がりクリエイティブに）」「コミュニケーション力・包容力（思いやる力）」といった、非認知能力が伸びていきます。

では、なぜ体操は他のスポーツに比べてフロー状態になりやすいのでしょうか？

それは「やってみたい！」と子どもの興味を引く動きがあることと、やってみての失敗・成功がわかりやすいからです。

没頭するきっかけは興味です。

興味があるから行動します。

例えば「スカーフお手玉」という体操を子どもたちの前でやると「先生やらせて！」と、子どもたちは必ず言います。このようにまずは興味を引いて。子どもに「やってみたい！」と思ってもらうことが効果や効能を求めるよりもずっと重要です。

脳育体操には子どもたちの興味を引きやすい、見た目にもわかりやすい動きが多くあります。

例えば風船リフティング。みんな何回できるかドキドキして興味を持ってくれます。そして実際にリフティングしてもらいます。2回蹴り上げることが難しい子もいれば簡単な子もいます。2回蹴り上げることができた子には5回蹴り上げてもらいます。それができたら10回蹴り上げてもらったり、その場から動かずに連続して蹴り上げてもらったりと難易度を上げていきます。

ここで重要なのは風船リフティングができるかどうかではありません。

各々の子どもが、「えーできるかな？　難しそうだけどやってみようかな？」といったことを自問自答することが最も重要なのです。

実際にやっている子どもたちを見ると、風船に振り回されながらも懸命にリフティングをしています。「絶対に動かず10回を達成してやるぞ！」と息をするのも忘れるくらいの真剣さが表情に現れています。

これが集中であり、没頭です。

誰の声も聞こえないくらい集中し、繰り返し行う。これが穏やかな心や折れない心、チャレンジする心といった非認知能力の向上に繋がっていくのです。

このように、他のスポーツに比べて動きの要素が多い脳育体操は、子どもたちの興味を引きやすく、挑戦してみたときの失敗・成功がわかりやすい。しかも難易度を設定することもかんたんです。

これが脳育体操で没頭できる理由であり、脳育体操の魅力のひとつでもあるのです。

成功体験を積み重ねることで、ますます夢中になっていく。子どもが才能を開花させるベースを体操で培うことができるのです。

ほかのスポーツにもいい影響が！

脳育体操は、さまざまな動きを網羅する全身運動であるだけに、他のスポーツの上達に役立つ下地にもなります。

たとえば「タオルジャンプ」では、

❶空中でバランスをとる感覚
❷ジャンプ
❸着地で体の軸を保つ

といった動きを行うため、体幹が鍛えられます。

体幹は、サッカーやラグビー、バスケットボールなど、他の選手と激しくぶつかり合うスポーツでは、非常に重要です。当たり負けしない、強いフィジカルを手に入れるために、体幹の鍛錬は欠かせません。

また、「ふとんでマット」で行なわれる前回りなどの回転動作は、走ったり跳んだりする屋外スポーツ全般に役立ちます。回転することで三半規管がしっかりと鍛えられ、無意識にケガのしにくい転び方を体得していたり、転びにくいバランスのとれた身体につながったりしているためです。

野球選手の野手が、ボールをダイレクトキャッチした後に、怪我をしないよう受け身を取りながら転ぶ動作をすることがありますが、そうした動作にとても役立つのが体操の回転動作です。

このように、他のスポーツには体操を行うことで強化される要素がたくさんあるので、体操教室に通っている子には、「跳び箱大会で1位」「体育でお手本をするようになった」というだけでなく、「毎回最下位だった徒競走で1位になれた」「ゴルフ日本一になった」「チアダンスで全国大会出場」などの結果がでています。

幼少期の運動が一生の財産になる秘密

脳神経は5歳までに8割完成する!?

3歳から12歳頃までは「ゴールデンエイジ」と呼ばれる、成長の黄金期です。
左のスキャモンの発育曲線と呼ばれる図をご覧ください。
曲線には、身体の大きさ（一般型）、運動神経（神経系型）、抵抗力（リンパ系型）、

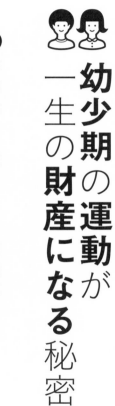

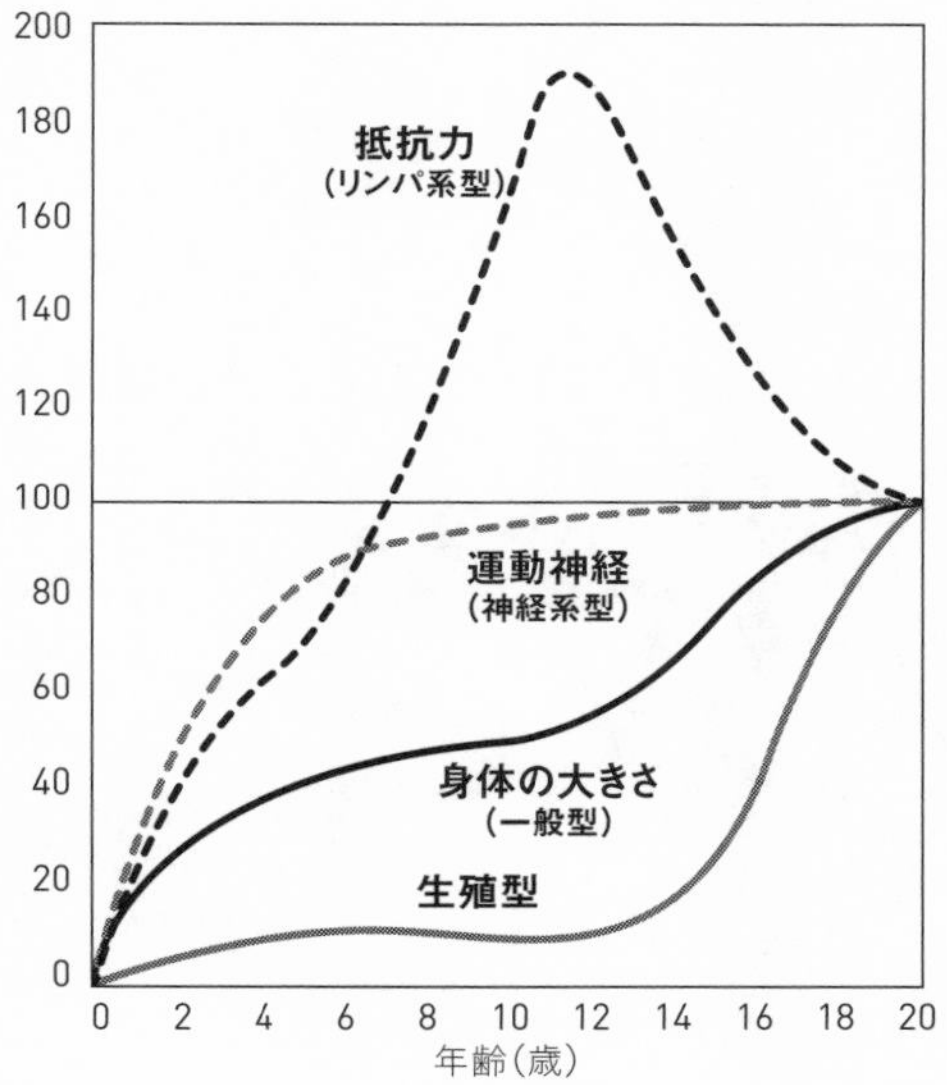

生殖型の４種類があります。成人となる20歳時点での発育を１００としたとき、生まれてから成人までの過程で、どのように成長していくのかがグラフ化されています。

◇身体の大きさ（一般型）

一般型は、身長や体重、筋肉、骨格、臓器などの身体的な成長を表したものです。

生まれてすぐに早い成長を見せますが、徐々にゆるやかに成長する時期を経て、思春期になる12、13歳頃から一気に発育します。

◇運動神経（神経系型）

神経系型は、脳や脊髄、視覚器などの神経系や感覚器系の成長を表したものです。

生まれてからすぐに目覚ましい発達を見せ、

5歳頃までには成人の80％の成長を遂げます。そして、12歳までにほぼ100％に達することがグラフからわかります。

◇抵抗力（リンパ系型）

リンパ系型は、扁桃やリンパ節、胸腺など、身体を守るための免疫をつかさどるリンパ組織の発育を表しています。

6歳を過ぎると、20歳時点よりもはるかに発達し、12歳頃には180にまで上昇します。体調を崩してもすぐに回復する、昨日発熱したのに今日はもう元気、という子どもの回復力の強さは、この働きによるものです。

◇生殖型

生殖型は、生殖器、乳房、咽頭などの成長を表したものです。

出生後しばらくは低空飛行を続けますが、思春期になると急速に発育していきます。

この4つのカテゴリーの中でも、運動神経の成長時期をぜひ活用していただきたいです。運動神経は、生まれてすぐに目覚ましく発達します。ですから、「脳育体操」を赤ちゃんの時期からはじめても構わないですし、むしろ、はじめるべきといえます。

3歳から12歳頃がゴールデンエイジと呼ばれるのも、運動神経が発育することで、運動能力もどんどん向上するからです。運動能力の基礎ができ上がる3歳から8歳を「プレ・ゴールデンエイジ」、運動の技術をすぐに習得できる9歳から12歳を「ゴールデンエイジ」と分けて呼ぶこともあります。

9歳から12歳は、運動神経はほぼ成人の能力にまで発達し、一般型は安定期となり、抵抗力はピークを迎えて成人の倍ほどになっているという、貴重な時期です。まさに、すべてのことが吸収可能な真の「ゴールデンエイジ」と言えるでしょう。その準備期間となる「プレ・ゴールデンエイジ」にきちんと基礎を習得し、いざ「ゴールデンエイジ」になったらその時を逃さず、多くの刺激を与えて多種多様な動きを経験させることを、ぜひ実践してみてください。

子ども時代に身体活動を伴う遊びをさせたり、運動習慣をつけさせたりすることが、その子に一生の財産をプレゼントすることになるでしょう。

ゴールデンエイジに身につけた能力は一生もの

何でも吸収できる時期に、多様な動きを獲得しておくと、その後もずっといい影響を及ぼします。一度つながった神経回路はなかなか消えず、ほぼ一生ものとなるからです。

たとえば、いったん自転車に乗れるようになると、何年間も乗らなかったとしても、いつでもスムーズに乗ることができますよね。また、ゴールデンエイジでサッカーのリフティングがうまくなると、サッカーを止めてしまって10年以上経ったとしても、同じレベルで再現できるそうです。

よく「身体が覚えている」という言い方をしますが、一度つながった神経回路が、何年経ってもつながっているとはそういうことなのです。

「思いどおりに身体を動かせる」ということは「自分はできる」ということが認識

しやすいということでもあります。

これは自己肯定感を上げることになります。

自己肯定感が高いと、人生を通してものごとをラクにこなせるということにもつながります。

また、子どもの頃から身体を動かすことに慣れ親しんでおくと、健康な心身を保ちやすいというデータもあります（山梨大学中村和彦氏ら）。仮に運動から離れた生活をするようになったとしても、子ども時代に運動をしていなかった人よりも健康な状況を保つことが多いと言われています。

うちの子は運動をするタイプではないというご家庭こそ、遊びの一環として「脳育体操」を取り組んでみてください。子どもの頃に運動をさせておくことは、決してマイナスにはなりません。確実にその子の一生にとってプラスになるのですから。

COLUMN

運動神経は遺伝しない!?

子育て中の親御さんと話をすると、よくこんな声が聞こえてきます。

「私、すごく運動オンチなので遺伝していないか心配で……」

「夫婦のどちらも逆上がりすらできたことがないんです。だから子どもにはできて欲しい」

自分または夫婦共に運動が苦手で、遺伝して欲しくないといった不安の声です。

しかし、運動能力は遺伝で決まるものではなく、後天的、つまり成長過程の環境や経験によって大きく変わるといわれています。

初めから運動の得意な子も不得意な子もいないのです。

ではなぜ運動の得手不得手が出てくるのでしょうか？

鉄棒の逆上がりがすぐにできる子と、なかなかできない子を例にみてみましょう。

逆上がりができるようになるポイントは、大きく３つあります。

①地面をキックして足を振り上げる
②空中で身体が落ちないように肘を曲げて身体をキープする懸垂
③お腹が鉄棒に乗ったら身体を回して支える

これさえできればほとんどの子どもは逆上がりができるようになります。

これは脳が知っているか、知らないかで差が生まれます。

ボールを蹴る遊びを多くしている子は、足の振り方・蹴り方を脳が知っているため①はすぐに身体指示できます。

うんていやぶら下がりが好きな子どもは握力や懸垂力を脳がいつの間にか覚えて

いるので、力の入れ方の指令を出すことができ②をクリアします。
③も遊具などをよじ登ったりして身体を二本の腕で支える経験を脳が覚えていれば、力の入れ方が分かります。
逆上がりといっても、どこかで経験した身体の動かし方を脳が覚えており、複数指令を出しているだけなのです。

外で活発に遊びまわったり、木などに登ったりすることで自然と脳と身体の経験値が増えていて、結果として逆上がりなどの覚えの早さに関係するのです。

ただし、早く覚えることが良いわけではなく、出来なければゆっくりと時間をかけて様々な動きを経験させてあげると良いでしょう。初めからできる子はおらず、動きを知らないだけなのです。


山梨大学の発育発達学者・中村和彦氏が提唱する子どもが伸びる〝36の基本動作〟というものがあります。36ありますが、一つ一つ難しい動きではありません。むしろ生活の中に入っている動きが大半です。

親が動きを経験させることを覚えていれば、公園や家のベッドでも脳へのインプットが増やせるはずです。前述したゴールデンエイジ（黄金期）では、このインプットをすさまじい勢いで行なっています。しかし、この吸収できる内容が偏っていたり少なかったりすると、できること、できないことに偏りがでてきます。

偏りの面白い例があります。

体操選手をテレビなどで見たことがありますよね。

自由自在に身体を操り、高く跳ぶ、回る、着地を決めるのは運動神経抜群だからだと思うでしょう。

そんな体操選手、実は球技が苦手という人がとても多いのです。

驚かれるかもしれませんが、体操にかかわらずその道を極めるレベルの競技選手は、自身の競技以外のスポーツが苦手ということは珍しくありません。泳げないプロサッカー選手や、クラシック以外の曲では踊りが苦手なバレリーナなど、アスリートではよくある話です。

これは、トップアスリートは幼少期からそのスポーツに多くの時間をかけ打ち込むため、他のスポーツや運動に携わる機会が少ないことが影響しているのではないかといわれています。例えば、週3～5日サッカーに明け暮れていた選手は、スイミングなどを習う時間は物理的に厳しい状況だったはずです。

幼少期にできる限り多くの動きを子どもにやらせてあげて、脳にたくさんインプットすることが運動能力の不安をなくす最も効果的な方法だと思います。

PART 3

子どものやる気と自信を引き出す3つの心得

心得1

失敗体験・成功体験を どんどん積む

成功体験を積んで自己肯定感の高い子へ

子どもは、できそうでできないことに没頭するものです。何度もくり返し、チャレンジするのが好きです。ゲームがやめられないのもそういうことなのかもしれません。

子どもの遊びにつき合っていて、「もう一回！　もう一回！」となかなか遊び終えてくれず、そのしつこさにうんざりした経験のある方も多いと思います。

しかし、しつこくくり返すのは、挑戦を続けているという場合でもあり、悪いこととも限りません。

そうやって子どもは、できないこともやがてできるようになっていくのです。

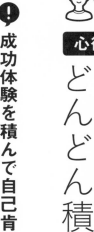

できるようになると、今度はそれを誰かに見せたくなります。

家で体操をやることは、子どもにとっていつでも観客がいるということ。ですから、子どもがひとりで体操を楽しむことができるようになっても、「ねえママ、見て！」「パパ、何回できるか数えてね！」という声には、できる限り応えてあげていただきたいと思います。

自分の身体や動きをコントロールできたという充実感や有能感を、親や家族、時によっては友だちに見てもらうことで、自信や自己肯定が芽生えます。

この時、見ているほうのほめ方や接し方も重要です。

子どもに「認められた！」「これでいいんだ！」「もっとやってみよう」と思わせるような表情や態度、声かけができるといいですね。

子どもは嬉しくなって、何度も「パパ！」「ママ！」と呼ぶと思います。

この「見て見て！」の声かけが、多ければ多いほど、そうしたことのくり返しが多いほど、さらに挑戦する気持ちへとつながり、運動だけでなく勉強など別のシーンにも必ず活かされることでしょう。

こうして、実際にできたこと、努力したことに基づく正しい自己肯定が強まれば、思い込みで人を見下したり人のせいにばかりしたりするといったような「間違った有能感」を持つこともないでしょう。

そうすれば、人をいじめることも、いじめられることもないはずです。

失敗は「挑戦する楽しさ」を手にしていること

親は子どもに愛情があるからこそ、失敗させたくないものです。

本人が傷つくのを見たくないし、まわりから非難されたり気の毒がられたりするところも見たくないものです。

ですから、子育て中は、つい子どもの先まわりをして、失敗しないようにお膳立てしてしまいます。

また、今はそもそも親世代が怒られずに育ってきています。ですから、親も子も怒られることに慣れていないケースが増えてきています。

失敗もしない。怒られもしない。

こうして挫折のないまま育つのは、実は怖いことです。一生、親の庇護《ひご》の中でぬくぬくと暮らせるわけではありません。

大人になり、失恋してすごくつらかったり、会社でミスをして責められたり……。挫折を糧に成長していけるはずが、大人になってはじめて挫折を知ると、立ち直れないほどの心のダメージになることもあるでしょう。

そうならないためにも、失敗を恐れないこと。悪いことだと思わせないことを「脳育体操」の中で伝えてあげてください。

できないことは悪いことではなく、挑戦する楽しさを手にしていること。

「もう少しでできそう」

「さっきよりできるようになっている」

「次はこうしてみようか」

そう親がフォローをしながら、できた時には一緒に思いっきり喜んでください。

親がフォローの声かけをしてくれるというのは、心が成長している子どもにとってとても大きなことです。

体操教室でも子どもへの声かけを徹底しています。子どものあきらめない、頑張る姿を目の当たりにした親が、同じように声かけをするようになって、粘り強く挑戦していくようになったと嬉しそうに話してくれる親御さんも多いものです。

子どもの不安を輝く笑顔に変えるには？

体操教室で子どもたちのキラキラした顔を見ることは、私にとっての喜びです。

普段の体操教室でも、子どもたちのそんな素敵な顔を見ることができるのですが、体験ではじめてレッスンに参加したお子さんが楽しそうにしているのは、特に嬉しいことです。

体験のお子さんには、通常のレッスンに参加してもらいますが、担当の先生が体験生に配慮した声かけをするようにしています。

すでに通っている生徒にとっては、先週も先々週も経験した動き。でも、はじめての子には不安なはずです。「できるかな」「みんなは簡単にできるみたいだけど、自分にはムリかな」と、いろいろな不安が芽生えます。

ですから、安心させてあげるために必ず、

「○○くん、はじめてだから失敗しても大丈夫だよ！」

と励まします。そして必ず、体験した後には

「楽しかった！　またやってみたい！」

という感情で終われるようにレッスンを持っていきます。

そうして不安だったはずの体験生が、レッスンの後に輝く笑顔を見せてくれると、教えるこちら側も本当に楽しい気持ちになるのです。この私の楽しさを、ぜひ親御さんたちにも味わっていただきたいと、常に思っています。

脳育体操を親子で一緒にするうちに、やがて子どもが自分から体操に夢中になり、その姿を親が褒めて励ます――。

このサイクルは子どもたちに充実感をみなぎらせ、生き生きと成長していく姿を見せてくれることでしょう。

親御さんたちも、ぜひお子さんの成長を喜び、楽しんでください。

ストレス、イライラ…子育ての悪循環を解消

「脳育体操」は間違いなく子育てをラクにしてくれます。

親御さん、特に子どもと接する時間の長いお母さんは大変です。でも、大変だと言えない。それでさらにストレスが溜まってしまう……という悪循環にはまっている人もいらっしゃるのではないでしょうか。

そんな時こそ、子どもと一緒に「脳育体操」をやることをオススメします。

たとえば子どもに「遊んで」と言われた時に、どんな遊びにつき合えばいいかわからないという人も多いと思いますが、「脳育体操」を一緒にやれば遊びにもなります。

家庭で、単純に子どもにやらせるだけではなく、親もかかわることで子どもの成長にいい影響を与えることもできます。

たとえばスキンシップは、オキシトキシンという脳内物質を出します。これは愛情ホルモンとも呼ばれる物質で、親子の愛着関係を深めます。さらに、子どもの情緒を安定させるだけでなく、記憶力やストレス耐性を高めるという効果もみられます。

また、「さっきより良くなったね」などの親からのポジティブな声かけは子どもの自信となり、自己肯定感を高めます。

ですから、脳育体操を完璧にやらせなきゃと思うあまり、「また失敗しちゃったね」「さっきはできてたのに……」というネガティブな比較はNGです。過去と比較してダメなところを指摘しても何もいいことはありません。

気軽に、遊び感覚でお子さんと一緒に実践してみてください。

心得2

「もう一度やってみる」という気持ちにさせる

できないと泣いている子が飛躍する言葉

体操教室を始めて約9年が経ちますが、最初から「体操が楽しい！」という子ばかりではありません。

このような時には先生がかかわり方を工夫することで、我慢強くなったり挑戦する気持ちになったりすることがよくあります。

指導する側としては、技術的なことを教えるのはもちろんのことですが、それよりも心がけていることがあります。

体操をはじめて間もない頃に、子どもがやめたくなる理由として、一度できたことができなくなってしまう、ということがあります。

たとえば、さっきは跳び箱を跳べたのに、2回目3回目だと跳べないということが結構あるのです。こういう時に、「できなーい！」と泣いてしまう子どもがいます。指導側から見れば、ちょっとタイミングがズレていたり、身体の使い方が違ったりしているだけなのです。そこを修正すれば、またできるようになるものです。できないことがあっても、くり返すことでちゃんと習得できるわけです。

ですから、子どもが泣いてしまった時には、「今のはさっきより良かったよ！」と励まし、「もう一度やってみよう」という気持ちにさせるようにしています。

私たち指導者も、「はじめは嫌がって泣いていた子が、今は生き生きと体操を楽しんでいる。自ら挑戦してくれている」と思うと、その喜びは何ものにも代えがたいのです。脳育体操をはじめ、お子さんが家で身体を動かすようになり、嫌がるそぶりを見せた時におうちの方が体操教室の先生と同じように励ましの声をかければ、親も子どもの成長をダイレクトに感じることができます。

あらゆる場所で「できる」ことがどんどん増える

体操教室でも家でも、励まされてほめられることをくり返していると、子どもの自己肯定感はどんどん強くなります。

親御さんのほうから、

「逆上がりなんてできないと思っていたのに、おかげさまでできるようになりました」

「実は学校の体育の時間に、みんなの前に出て見本をやらせていただいたそうで、すごく嬉しかったみたいです。家に帰ってから、真っ先にお話してくれたんですよ」

と報告してくださることもあります。

そのうち、子ども自身がいつの間にか体操以外のことにまで自信を持つようになって、次々にいろいろな結果をだしてくれるようになります。

「体操教室に通っていたおかげで、お受験にも成功しました」

「体操をやりたいなら、勉強もちゃんとやらなきゃいけないと言ったら、すごく勉強するようになりました」

という、勉強面での感謝の声も、親御さんたちからたくさんいただきます。

心得3 家族の結びつきを強くする

子どもの成長は夫婦の懸け橋になる

お子さんのいらっしゃるご夫婦の場合、やはり子どもの話題が日常で多くのぼると思います。特に「できた！」ということは話しやすいテーマではないでしょうか。

そう考えれば、脳育体操でいろいろなことができるようになっていく子どもの存在は、まさに夫婦の懸け橋になってくれるはずでしょう。

例えば日中、脳育体操を子どもと一緒にしたお母さんがお父さんに、

「あの子は今日、こんなことができた」

と話題にしますよね。そしたらお父さんは、

「できたんだって？　すごいね。やってみせて！」

と子どもに声をかければ、夫婦だけでなく家族のコミュニケーションにつながります。


子どもが挑戦したこと、惜しかったこと、悔しがっていたこと、何度も挑戦したこと、できたこと、とっても喜んでいたこと、さらに難易度の高いことに挑戦しようとしたこと……、いろいろなことをどんどん夫婦で話して、さらに子どもにフィードバックしてみてください。

子どもが脳育体操に取り組む。その様子をよく見ながら声かけをする。夫婦でそれについて話し、また子どもに声をかける。子どもは親が気にかけてくれることが嬉しくて、また頑張る。このいい循環は、きっと家族のつながりを強力にしてくれると思います。

社会のルールも一緒に教えれば育児はずっと楽に！

脳育体操を子どもと行う時に、ぜひ一緒にやっていただきたいことがあります。

それは、「社会のルール」も一緒に教えることです。


私の運営する体操教室では、技術的なことだけでなく、返事やあいさつをはじめとした礼儀・礼節の指導もしています。

そのため親御さんからは、

「先生、機嫌が悪いと返事もしなかったうちの子が、ちゃんと返事をするようになりました」

「遊んだ後に片付けができるようになったんですよ！」

といった喜びの声をいただいています。

私は、こうした基本的な生活習慣や人への気遣いも、脳育体操を通じて教えられると思っています。

子どもを感情任せに叱るだけでは身につきません。まずは親御さんから声のかけ方を変えてみてください。

「片付けなさい」
↓「ママが大変だから片付けてね」
↓「ここなら片付けなくてもいいよ」（ちらかしエリアを設定する）

「静かにしなさい」
↓「周りの人が迷惑するからやめようね」
↓「家（または人がいない場所）や遊び場なら騒いでもいいよ」

「走らない！」
↓「ぶつかると怪我をするから走らないでおこう」
↓「今度公園で思いっきり走らせてあげる」

「だめよ！　こうしなさい！」

ではなく、

「ママは困る」

「お友達が嫌がる」

「怪我をして遊べなくなる」

といった、〇〇だから〇〇と言えるようになると、子どもも納得することができます。

脳育体操をする際に、日常生活で、ぜひ試してみてください。

COLUMN

子どもの伸びる芽を目覚めさせる5か条

「子どもにやらせるのではなく、前のめりで取り組んでほしい」と思う方は多いでしょう。脳育体操でも他のことでも、前向きな子どもの意欲を引き出す方法があります。

1 チャレンジ力を伸ばすために、「失敗」をほめる！

体操教室では失敗をどんどんほめています。

それは「失敗」を〝していいもの〟、〝うまくいかなかったということがわかった素晴らしい行動〟ということを子どもたちに伝えていきたいからです。

チャレンジに億劫な子どもは、うまくいくかどうかわからないこと、つまり「失敗」を恐れていることが多いものです。「やってみてうまくいかない方法を見つけていく！」という考え方が育めるように、失敗をどんどんほめてください。

2 協調性を身につけるために、親から「あいさつ」する

「あいさつ」は人に話しかけるという、コミュニケーションの基本です。

しかし、あいさつをしない子どもに「あいさつしなさい！」と言うだけでは、なぜあいさつをしないといけないのかがわからず、結局あいさつが身につきません。

まず家庭内であいさつをする習慣をつけてください。脳育体操をはじめる時には、「これからはじめます」「よろしくお願いします」、終わる時には、「これで終わります」「ありがとうございました」と習慣づけるといいですね。始まりと終わりというあいさつの意味がわかるようになるでしょう。

さらに、外で親があいさつをしてコミュニケーションを取っている姿を見せてあげることで、子ども達も自然と真似をしてあいさつができるようになっていきます。

3 対応力を磨くために、目を見て話す

体操教室では先生からアドバイスを受けたり、あいさつをされた時に目を見るように伝えています。

目を合わせることは、〝相手と向き合う〟、〝自分の意志を伝える〟ということです。ですので、目を見ずに話しても、相手に届かず、内容や気持ちが伝わりません。

もし、お子さんが目を見て話すことを恥ずかしがる場合、親子で10秒目を合わせるという練習をするとよいでしょう。初めは恥ずかしがりますが、親が意識して目を見て話す機会を作ることで、次第に習慣として身についていきます。

4 自己肯定感を高めるために、注意する時は依頼する

先生が集合をかけているのに、駆け回っている――。いわばショッピングセンターで走り回る子どもを止めたい親御さんと同じ心境でしょうか。

こんな時、体操教室では「走っちゃダメ」とは言いません。

言っても子どもは聞きませんし、止まる子もいますが納得していません。理由は「走りたいから」です。

このやり取りに意味がないのは、論点がずれているからです。ですから、ショッピングセンターで止まらない子どもにお母さんはイライラ、子どもはいきなり怖い顔のお母さんに怒鳴られて意味がわからない状態になっています。

こんな時は「走っちゃダメ」ではなく、「歩いて！」と言いましょう。家庭内であれば「座って」でもいいでしょう。そのうえで、「なんで走るの？」と聞いてみましょう。

「走りたいから」というお子さんには、「それはわかったけど、ここではやめて。たくさんの人がいる場所だから、ぶつかったり、人のものを壊したりしてしまうかもしれないからやめて」と依頼しましょう。

それでも「気をつけて走るから大丈夫」「人を避けるから大丈夫」などと言ってやめない場合でも、怒るのではなく、「ママが知らない人にぶつかられて怪我したらどう思う？」と聞いてみましょう。

子どもが「それは嫌だ」と言えば、「そうなる場合があるからここではやめよう」と再度伝えてください。「後で走らせてあげるから」といった代替案も効果的かもしれませんが、必ず約束を守ることが大切です。


このように、たとえを変えたり、自分のことに置き換えて考えさせると理解が深まります。理解が深まると、相手のことを考える力にもつながります。

ただ、先生もそうですが親も人である以上、大きな声を出す時もあると思います。その時は後で、「さっきは大声でやめなさい！ って言ったけど、なんで走っちゃったの？」と親が落ち着いてから聞いてあげてもいいと思います。

5 考える力を養うために答えを見つけてもらう

子どもはよくたわいもない質問をします。

体操教室でも、「雨はどこからくるの？」「テレビはなんで映るの？」など、体操に限らず質問を受けます。

ここで重要なことは、正しい答えではありません。

子どもが興味を持っていることが重要です。

そんな場面に遭遇したら答えを知っていても、「〇〇君はどうしてだと思う？」と聞いてあげてください。子どもから「〇〇だからじゃないかな」と答えがかえってきたら、間違っていてもまずは「なるほどねー」と同意してください。

そんなたわいもない会話でも、考える力が自然と身についてきます。

ひと通り本人の意見が聞けたら、本当の答えを教えてあげてください。「答えは〇〇でしたー」という教え方ではなく、「パパ（ママ）は〇〇だと思うよー」とそっと伝えるようにすると、子どもが考えることを放棄するようなことにはなりません。

もし、「なぜだと思う？」と聞いて、即答で「わからない」と答えたら、「一緒に考えよう」といって、本人から考えを言葉で引き出すようにしてください。

おわりに

子どもたちを取り巻く危機的状況

今、私たちは、とても便利な社会を生きています。車や電車や飛行機で移動でき、家に居ながらにしてネットショッピングができ、掃除もロボット掃除機がやってくれる世の中です。

仕事や家事、子育てに忙しいみなさんも、少しでも便利なサービスがあれば試してみたいと思うはずです。

人間の本能の中には、「ラクをしたい」という欲求があるのではないでしょうか。自然の一部のような、野性的な暮らしをしていた100万年以上も昔から現代に至るまで、その欲求がさまざまな発明を促して生活を便利にしてきました。

欲求を実現していく人間の能力はすごいものですが、テクノロジーが高度に発達した今、不安を感じることもあります。

人間にはそもそも動物としての身体能力がちゃんと備わっているのに、テクノロジーがその能力を使わなくても済むようにしてくれている。そのため、私たちは無意識のうちにさまざまな身体能力を失うかもしれない。そんな不安を感じています。

特に日本は、20世紀後半の高度経済成長期以来、急速に機械化・自動化が進む世の中になり、生活の場も人工的なものになっています。

以前の勢いは失いつつあるかもしれませんが、日本はいまだに世界有数の先進国であることに変わりありません。世界の中でも、テクノロジーを駆使した便利で清潔な暮らしが実現できる社会なのです。その一方で、私たちはどんどん「動かなくてもいい」「動く機会もない」ことで身体能力を失いかねない状況に陥っています。

こんなテクノロジーの時代に、子どもたちの身体能力の低下が心配されていることは、新聞やニュースの報道などでもご存じかと思います。世の中の便利さだけでなく、社会状況も、子どもたちの身体能力を育てにくい環境をつくっています。

まず、子どもをひとりで行動させることが危険であり、非難される時代になっています。このため、昔のようにひとりで公園に行かせることはできません。

育児だけでなく仕事や家事に追われるお母さん（お父さんの場合も）が、常に子どもにくっついてまわることは難しく、外遊びをなかなかさせられない現状があります。

また、たとえ子どもを公園に連れて行けたとしても、近隣住民に配慮して騒ぐことはできず、少しでもケガをする可能性がある遊具は撤去されていることも多く、制限された環境の中で思いっきり遊ばせるのが難しい場合もあります。

もちろん、公園以外の遊び場、たとえば原っぱや広場などは、もう何十年も前から過去のものとなってしまっています。

では、家の中はどうなっているでしょうか？

今は集合住宅が多いので、騒音でご近所に迷惑をかけないよう気を使って子育てをしているご家庭は多いことでしょう。広々として隣家と離れている一軒家でもなければ、走り回らせたり、飛んだり跳ねたりさせることは困難です。みなさんも苦労されているのではないですか？

本来ならしっかりと身体を動かすことによって成長していく能力があるのに、それができない現状。ますます便利になっていく世の中をありがたく思いながら、将来が心配でもあります。

子どもの心身を生き生きと育みたい

仕事柄、幼稚園生や小学生などの子どもたちと接する機会は多いですが、「いい子ばかりだな」という印象を感じます。「いい子」にもいろいろな意味があるでしょうが、ここで言っているのは、おとなしく従順で聞き分けのいい子という意味です。

自分の意志をはっきりと主張することがなく、挑戦する力が弱くなってきているように感じるのです。

私が子どもの頃は、たとえば体操を例にあげると、「他の子より少しでもうまくなりたい！」「新しい技に挑戦したい！」と、とにかく体操に没頭して練習していたものです。

今は勉強や他の習い事で忙しいうえに、親御さんが気を配って丁寧に育てておられるので、精神的に満ち足りているせいか、自分の気持ちを前面に押し出してがむしゃらになる必要もありません。ですから、「切磋琢磨する」「挑戦してみる」という経験が絶対的に足りないのかもしれません。


よく言えば成熟社会を生きている子どもたちなのですが、今、インドや中国など成長国と言われている国に行ってみると、子どもたちに活気があって、向上心がとても強いと感じます。それを目の当たりにしているからこそ、日本の子どもたちのおとなしさは少し淋しい気がします。

これからの日本を背負う子どもたちには、もっと生き生きと自分らしさを表現できる「自信」を身につけてほしいのです。

日本には「相手を慮《おもんぱか》る」文化があり、海外に行って主張の激しい人たちと接すると、その良さを実感します。一方で、自分を表現できずに相手に譲ってしまうというマイナス面も確実に存在しています。確かに「相手を慮る」ことのプラスマイナスのバランスをうまく取るのは、とても難しいことです。

これからのテクノロジーはＡＩの発達にますます注力していくでしょうから、今よりもっと人間の手を必要としない世の中になっていきます。そんな時代に、自分を主張できないことは大きなマイナスになってしまうでしょう。

ですから、「自分はこう思う」とはっきり自己表現することが必要となるわけです。そして自己表現をするためには、根底に自信がなくてはなりません。

その自信を持たせるのに、体操は非常に適しています。昔なら、ごく自然に身についていたはずの身体能力を刺激し、健やかに育てていく。私はその過程で、くり返し「できるよ！」「よくできたね！」と励まし、ほめて自信を育むことが大切だと思っています。

身体を動かす機会も場所も奪われている子どもたちに、「脳育体操」を通して本来の動きを取り戻してもらい、身体だけでなく心や脳の発育も促していきたい。そして、そうやって成長した子どもたちが大人になり、やがて成熟社会の中でも生き生きと活躍してくれることを願わずにはいられません。

子どもたちの才能を眠らせたままにしたくない！

私自身は、オリンピックを目指す体操選手でしたが、私の体操教室は選手を育てるための教室ではありません。広く、一般の子どもたちに門戸を広げた体操教室です。

体操が身体にも心にもいいということは、もちろん実感していますが、教える子どもたちを、自分が歩んだ道と同じような道へ導こうとは思っていません。

実体験として、オリンピックにはピラミッドの頂点の数名しかたどり着けないことを私は知っています。そこに行けなかった私は、結局「その他大勢」になるしかありませんでした。

おわりに

大学も体操の推薦で入り、大学4年まで試合に出ていても、「その他大勢」になってしまう。実業団に入るには、やはりオリンピックレベルの成績が必要なので無理ですし、就職活動のことなどよくわからないという厳しい現実が待っていました。

もちろん自分が体操選手であったことや、オリンピックを目指していたことを後悔しているわけではありません。体操を通じて心身ともに確実に鍛えられましたし、経営者となっている今、私という人間の形成に体操は大きな影響を与えてくれました。

ただ、選手から「その他大勢」になった人がみんな、私のようにやりたいことを見つけられるわけではありません。少ない選択肢の中で、悩みを深めることもあるでしょう。

ですから私の教室では、できるだけ将来の選択肢を広げられるように、上澄みの数人だけを育てる選手育成コースを設けるよりも、いろいろな才能を開花できる環境をつくることに力を入れようと思いました。実際、多くのお子さんが体操を通じて、自信をつけ、いろいろなことにチャレンジし才能を花開かせています。

本書を通じて、お子さんの才能が伸びていくならば、これほど嬉しいことはありません。


そして、忙しくて子どもの挑戦をじっくり見ることやほめることができない。やるべきことに追われて一息つく時間もなく、子どもの体力を持て余してつい叱ってしまう。

何をして遊んであげたらいいかわからない……。

そうやって悩んでいる子育て中の親御さんたちの悩みが少しでも解消され、心からの笑顔を見せてくださるようになることを願っています。

あとがき

本書の出版にあたり、多くの方にお力添えを頂きましたので、この場を借りてお礼申しあげます。

まず今回出版のきっかけになりました、出版プロデュサーの松尾昭仁先生、ネクストサービス株式会社の大沢治子さま、快く監修を引き受けてくださったスポーツ博士の泉原嘉郎先生、そして出版の機会を頂いた青春出版社の皆さまと編集者の布施綾子さま、ほかにもお名前をあげきれないほど多くの皆さまにご協力を頂きました。

心より感謝申しあげます。ありがとうございました。

本書が多くの子どもたちの健やかな成長、そして明るい未来に繋がれば幸いです。

最後に、いつも側で支えてくれている家族に感謝を伝え、あとがきといたします。

著者／監修者紹介

南友介
ネイス株式会社代表。体操選手だった経験を活かし、「クラブネイス体操教室」を開校。子育て世代から多くの支持を得ている。
【クラブネイス体操教室オフィシャルサイト】
https://ne-is.com/
【取材・講演のお問い合わせ】
☎0120-984-779

泉原嘉郎
スポーツ科学者（認知・脳科学 / 運動・トレーニング科学領域）。ドイツ・ライプツィヒ大学博士（スポーツ科学）。スポーツトレーニング理論や認知・脳科学トレーニングの研究、コーディネーショントレーニングの実践指導でも成果をあげている。

AIを超《こ》える！
子《こ》どもの才能《さいのう》は「脳育体操《のういくたいそう》」で目覚《めざ》めさせる！

2020年２月１日　第１刷

著　　者　南《みなみ》　友《ゆう》介《すけ》
監 修 者　泉《いず》原《はら》嘉《よし》郎《お》
発 行 者　小澤源太郎

責任編集　株式会社 プライム涌光
電話　編集部　03(3203)2850

発 行 所　株式会社 青春出版社
東京都新宿区若松町12番１号 〒162-0056
振替番号　00190-7-98602
電話　営業部　03(3207)1916

印　刷　中央精版印刷　　製　本　大口製本

万一、落丁、乱丁がありました節は、お取りかえします。
ISBN978-4-413-23147-3 C0037